KB058178

유튜브
구독자
100만
만들기

유튜브 구독자 100만 만들기

구독자
340만
보겸의
알짜 노하우

김보겸 지음

지식너머

보이루, 이 책에 보겸의 모든 것을 담았다

"보이루? 보겸이 도대체 누구야?"

2017년 한여름 고속버스를 타고 충남 서천의 본가로 향하는데, 뒤에 앉은 40대 아저씨들의 대화가 들려왔다.

"아, 글쎄 보겸이 누구냐고!"
"보겸? 아, 너 몰라? 애들한테 굉장히 핫한 유튜버라던데?"
"아 놔, 내가 그 XX 만나면 가만 안 둔다. 아들이나 딸이나 보이루, 보이루 하는데 어찌나 꼴 보기가 싫은지!"
"우리 때 연예인 쫓아다니던 거랑 같지 뭐…"

"TV 연예인이면 내가 얼굴이라도 알지, 이건 뭐 누군지도 모르는데 애들은 좋다고 하니 괜히 기분이 나쁘다니까!"

"야 그러지 말고 너도 유튜브 좀 봐, 요즘 애들이랑 대화 하려면 그 정도는 알아야지…"

보겸TV의 구독자가 300만 명을 갓 넘어설 때였다.

'보이루', '갑분싸', '가즈아', '컹스', '미르띤' 등의 유행어가 10대들에게 퍼져나갔다. 그럼에도 많은 어르신들은 내가 누군지 몰랐고 그래서 궁금해했다. 이 책은 보겸을 풍문으로만 듣고 궁금해했던 사람, 보겸의 인기가 의아했던 사람들에게 설명을 해주고싶어 시작했다. 아, 물론 가조쿠들을 위해 책을 쓰게된 것이기도 하고.

현재 대한민국에 살고 있는 사람들을 두 부류로 나누면?

'보겸을 좋아하는 사람'과 '보겸을 싫어하는 사람'이 있다. 물론 '보겸' 때문에 '속이 터진' 경험이 있는 학부모라면 후자에 가까울 것이다. 하지만 어떤 이유로든 한 번쯤 '보겸'이 누군지 궁금한 적이 있었다면, 현재를 사는 대한민국 사람임에는 틀림없다. 기-승-전-보겸이다.

네이버 검색창에 '보겸'을 치면 '보겸TV-YouTube'가 가장 먼저, 그 밑에 '보겸-나무위키'가 뜨고 블로그 포스트들이 뜬다. 지식백과에도 보겸이 등록돼 있다. 뉴스에서는 1인 미디어 시대 보겸의 활약상과 수입에 관한 상세한 정보가 나온다.

그러나 최소한 이 책을 집어들고 펼친 독자라면 그런 것들이 궁금하지는 않을 것이다. 그보다는 훨씬 더 깊은 실상을 알고픈 마음이지 않을까?

'1인 미디어 시대 진정한 성공자 보겸은 누군가?'

'듣보잡 보겸은 어떻게 300만 구독자를 모았는가?'

'나도 보겸처럼만 하면 300만 구독자를 모을 수 있는가?'

당신이 궁금한 것이 대충 이 정도라면, 당신은 지금 최고의 답안지를 들고 있는 것이다.

지잡대 서천 출신 촌놈, 340만 유튜버 되다!
한 줄 스펙으로 설명할 수 없는 것이 있다

나에게는 세상이 정해준 2가지 스펙이 있다.

첫째, 유튜버 보겸은 자랑스러운 국립 K대 화학과를 다녔다(엄밀히 말하면 아직 졸업을 못했으니 다니고 있다가 맞겠지만!). 그리고 고향은 충청남도 서천군 장상리다. 시내버스가 하루에 3~4번밖에 들어오지 않는 시골마을이다. 이 정도 배경이라 나는 '지잡대 서천 출신 촌놈'이라는 스펙을 얻었다. K대는 군산에서 제일 큰 국립대학교이고 등록금도 싸다. 장상리는 공기 좋고 한적한 살기 좋은 곳이다. 하지만 스펙에 이런 부연 설명은 따라다니지 않는다.

둘째, 유튜버 보겸은 아프리카TV에서 BJ를 시작한 지 2달 만에 베스트BJ가 됐고, 2016년 아프리카TV 시상식에서 BJ 대상을 수상했다. 2017년에는 유튜브 채널 '보겸TV'가 100만 구독자를 달성했고, 2019년에는 300만 명을 넘어서 국내에서 몇 손가락 안에 꼽히는 대형 크리에이터가 됐다. 그리고 2018년 유튜버 보겸은 구글이 국제 행사를 진행할 때 초청하는 주요 인사가 되었다. 그게 나의 두 번째 스펙인 '340만 유튜버'다(계속 성장 중이다).

그런데 대한민국에서 이 두 가지 스펙의 조합은 기묘한 파장을 일으킨다. 최근 몇 년간 유튜버들의 수입이 공개되고, 탑10이니 탑5니 등수까지 매기는 기사가 퍼지자 심기가 불편한 이들이 생겼다.

"지잡대를 나온 서천 출신 촌놈이 유튜브 수익으로 월에 저만큼이나 번다고?"

"나도 유튜버나 해야겠다, 저런 XX도 하는데 내가 하면 그깟 거 우습지…"

1인 크리에이터는 직업 특성상 밝은 면을 보여주는 사람들이다. 그래서인지 그들은 가볍고, 즐겁고 가끔은 우스워 보일 수 있다. 하지만 그렇다고 해서 그 사람에게 진지함이나 열정, 패기, 성실과 끈기가 없을 거라고 생각하면 곤란하다.

나는 이 책을 집어든 당신에게 하고 싶은 말이 있다.

"보이루~! 내가 궁금하다면 이 책을 읽어봐. 나의 모든 것이 담겨 있어."

이 책을 집었다면 당신은 이미 내가 궁금하고, 보겸에게 뭔가 배울 게 있다는 마음이 든 것일 테다. 그리고 한 줄로 설명할 수 없는 '보겸의 스킬'을 알고 싶어 책까지 펼쳤다면, 이 책이 정답이다.

이 책 한 권이면 당신도 100만 유튜버!
보튜브 잡스의 시크릿 바이블

다시 한 번 강조하지만, 이 책을 펼친 이상 당신은 제대로 된 길을 찾아온 거다. 김보겸이라는 사람만이 아니라 유튜브 채널 보겸 TV가 궁금하고, 유튜버 보겸이 어떻게 성공했는지 배우고 싶다면 말이다.

나는 스스로 내 자랑을 하기 위해 이 책을 쓰지는 않았다. 실전적이며 디테일한, 그리고 거짓 없는 '성공적인 유튜버로서의 길'을 안내하려고 한다.

지금까지 많은 유튜버들이 책을 냈고 지금도 내고 있다. 나도 읽어보았는데 솔직히 조금 아쉬웠다. '이것 말고 더 있는데, 알려주지 않은 필살기가 분명히 있는데….' 진짜를 알려주고 싶다는 열정이 샘솟았다. 그리고 결정적으로, 이 책으로 나에게 쏟아지는 수많은 질문의 대답을 대신하고 싶다.

유튜브는 이제 젊은 사람들만의 전유물이 아니다. 어른들도 유튜브에 익숙해지고 있다. 보기만 하는 게 아니다. 최근에는 고학력, 고스펙자들도 잘 다니던 회사에 사표까지 쓰고 유튜버가 되겠다고 나선다. 하지만 유튜버로 살아보고 싶다는 마음뿐, 어디서 어떻게 시작해야 할지 각을 잡지 못하는 경우가 많다. 그래서 다시 이력서를 쓰고 생업전선으로 돌아가는 이들이 100에 99다. 개인적으로는 이메일과 스마트폰으로 질문이 끊이지 않는다. "보겸 씨! 한 번만 만나서 상담을 받고 싶습니다." 메일이 차고 넘치고 스마트폰 메시지도 가득 찬다. 쏟아지는 질문을 정리해보면 결국 같은 얘기다.

"나도 100만 유튜버가 될 수 있을까요?"

답은 간단하다. "Why not?" 누구나 100만 유튜버가 될 수 있다.

그러나 모든 일에는 이론과 실전 둘 다 필요하다. 시행착오를 해가며 시간과 공을 들여 배울 수도 있다. 하지만 기본이 없으면 뻥이만 치다가 끝나는 수가 생긴다. 그래서 나는 100만 유튜버가 되는 각을 잡는 길을 안내하고자 한다. 유튜버의 마인드 세팅부터 만렙 기술까지 알려주는 '보튜브 잡스의 시크릿 바이블(당신이 들고 있는 바로 이 책!)'을 정독하길 권한다 :)

아디오스, 이제 당신 차례다
당신의 멋진 항해를 기원한다!

애니메이션 〈원피스〉를 아는가? 세계 최강의 거물급 해적, 골 D. 로져는 위대한 항로 최후의 섬에 자신의 보물 '원피스'를 두고 왔다. 그리고 죽음의 순간에 웃음 띤 얼굴로 해적들에게 말한다.

"내 보물말인가? 가지고 싶다면 주지. 찾아봐라! 그곳에 세상의 모든 것을 담아 놨다."

이제 당신 차례다. 이 책에는 원피스를 찾을 수 있는 모든 도구들이 담겨 있다. 2012년 군산의 한 PC방에서 아프리카TV에 접속해 마이크도 없이 방송을 시작했던 때부터, 340만 구독자와 소통하며 골드 버튼 크리에이터로 살아가는 2019년 현재까지 8년간의 이야기가 담겼다. 그리고 그 기간 동안 엎어지고 넘어지며 배운 것들을 날 것 그대로 담아 놓았다. 자신하건데 거칠지언정 어리바리 숨기지는 않았다. 내 경험이 온전히 이 책 한 권에 담긴 셈이다. 내 방법이 항상 맞다고는 할 수 없지만, 적어도 내가 사용한 방법을 있는 그대로 썼다. 그러니 이 항해의 끝에 있는 원피스에 도달하는 것은 당신의 몫이다.

원피스를 찾아 항해를 시작한 루피 해적단처럼, 100만 유튜버가 되는 멋진 여정을 매우 즐겁고 신나게 즐기길 바란다.

그리고 항해 끝에 당신이 찾은 원피스는 골드버튼보다 값진 것이라 기대한다(아는가? 유튜브에는 다이아몬드 버튼과 루비 버튼도 존재한다!).

아디오스, 그럼 정상에서 만나자! 당신의 멋진 항해를 기원한다.

_ 대한민국 1인 크리에이터, BJ 보겸

Contents

Chapter 01 ▶ Why not? 당신도 100만 유튜버가 될 수 있다!

Chapter 02 ▶ 이 정도만 알아도 갑분싸는 피한다 : 시작하는 유튜버를 위한 가이드

Chapter 03 ▶ 가즈아! 오늘부터 100만 유튜버 · 성공하는 유튜버를 위한 실전편

Chapter 04 ▶ **300만 유튜버 이거 실화냐?** **넘사벽 유튜버가 되는 시크릿 노하우**

Chapter
01

▶ **Why not?** 당신도 100만 유튜버가 될 수 있다!

100만 유튜버가 되는 법?
쉽지 않다, 그러나 결코 어렵지도 않다

(((•)))
"어떻게 100만 유튜버가 되나요?" 일단 유튜버가 돼라

류승완 감독은 내가 좋아하는 영화감독 중 한 명이다. 언젠가 그가 라디오에 나와서 한 말이 인상 깊다.

"학생들이 많이 물어봐요. '고졸인데 영화감독이 될 수 있을까요?' 그 친구 눈에 나는 영화감독이 아닌가 봐요."

류승완 감독은 한동안 고졸 학력으로 주목을 받았다. 하지만 그것도 잠시뿐 이후에는 그가 감독하고 제작한 영화로 더 많은 주목을 받고 있다. 이제 그의 학력 따위를 문제 삼는 이는 아무도 없다. 이 질문은 그가 감독으로 데뷔하고 얼마 되지 않았을 때 받았던 질문이다.

"나는 영화를 찍어서 영화감독이 됐어요. 영화를 찍으면 누구나 영화감독이 됩니다. 이런 거 고민할 시간에 영화를 찍으세요."

내가 만나는 많은 사람이 내게 비슷한 질문을 한다. "어떻게 하면 유튜버가 되나요?" 그리고 또 묻는다. "어떻게 하면 100만 유튜버가 되나요?"

나도 류승완 감독의 대답처럼 간단한 답을 해준다.

"유튜브에 영상을 올리면 누구나 유튜버가 됩니다. 그리고 열심히 하면 누구나 100만 유튜버가 될 수 있고요."

덧붙여 '열심히 하는 방법'이 궁금하다면 이 책을 읽으면 된다.

(((•)))
누구보다 게임을 좋아했던, 그만큼 평범했던

나는 게임 BJ로 1인 크리에이터의 길에 들어섰다. 내 얘기로 서론이 길어질 수도 있지만, 내가 걸어온 길이 모두 100만 구독자를 만드는 꿀팁인지라 이야기할 수밖에 없을 듯. 시작으로 거슬러 올라가 보자. 그래, 시작은 초등학교 때쯤이 될 것 같다.

1990년대 중반 그러니까 내가 초등학교 고학년이었을 때 우리 집에 처음 매직스테이션이라는 삼성 컴퓨터가 들어왔다. 지금도 기억난다. TV만 켜면 '박찬호의 체인지업'이라는 광고가 계속 나왔다. 덕분에 한 집 건너 한 집 너나 할 것 없이 컴퓨터를 들여놓았다. 우리 아버지도 대세를 거스르지 못하고 "공부 열심히 해라." 하는 당부와 함께 컴퓨터를 사주셨다. 그때부터였을까요. 내 게임 인생이 시작된 건. 아버지의 바람은 바람에 그쳤다.

어릴 때 접했던 게임들은 단순한 것들이었다. 너구리, 보글보글, 봄버맨 등 도스 게임이 대부분이었다. 요즘 10대는 잘 모르는 레인맨에 삼국지까지 통달을 했는데, 학교 친구들과도 동네 친구들과도 게임을 하며 놀았다.

중고등학교 때는 스타크래프트가 대세였지. 등교 시간은 9시. 집에서 학교까지 걸리는 시간은 버스로 30분. 매일같이 새벽에 일어나 7시 10분에 버스를 타고 7시 40분에 정류장에 내려 PC방으로 달려갔다. 7시 50분부터 8시 50분까지 알차게 게임을 하고, 전력 질주를 해 9시까지 등교. 매일의 일과였다.

게임은 학교를 마치고 집에 와서도 계속됐다. 휴일에는 새벽 4시까지 게임을 하기도 했다. 리니지, 조선협객전, 바람의 나라로 질풍노도의 시기를 가볍게 넘겼다. 그래도 학교생활에 문제는 없었다. 왜 그랬는지는 모르겠으나, 당시 '출석'만은 절대로 지켜야 한다는 생각이 강했다. 덕분에 초중고를 다니며 한 번의 결석도 없이 학교를 마쳤다. 돌아보면 그저 즐겁고 신나던 시기였다.

하지만 나의 게임 인생이 여기까지였다면 아마 나는 그냥 '게임을 좋아하는 어른'으로 자랐을 것이다.

(((•)))
아프리카TV에서 방송을 시작하던 날

2012년 봄, 사소한 사건으로 내 인생에 새로운 길이 펼쳐졌다. 학기가 시작될 때였다. 군대도 다녀오고 복학해 아르바이트까지 하고 있었다. 시간이 남을 때는 PC방에 들렀다. 군대로 잠시 쉬었던 게임 인생에 다시 불을 지피는 중이었다. 당시는 아프리카TV가 한창 이름을 알리고 있을 때였는데, 특히 스마트폰이 보급되면서 아프리카TV를 스마트폰으로 보는 친구들이 많아졌다. 시청자도 빠르게 늘고 있었다. 나 역시 PC방에서 게임을 하면서 스마트폰으로는

아프리카TV에 접속해 게임 방송을 보고는 했다.

당시 내가 빠져있던 게임은 던전앤파이터였다. 2005년 넥슨에서 출시된 게임으로 한창 인기가 높았다. 그리고 던파는 지금의 보겸을 만든 게임이기도 하다.

던전앤파이터에는 '대리헬'이라는 시스템이 있었다. 말 그대로 헬 던전을 대리로 돌아주는 거다. 아이템을 지원받아서 대리로 게임을 해주고, 게임에서 얻는 아이템을 후원자에게 돌려주는 방식이다. 이럴 경우 대리로 돌아주는 사람이 어떻게 진행하고 있는지 아프리카TV로 중계를 해주고는 했다. 후원자는 방송을 지켜보며 어떻게 진행되는지 확인하고. 어느 날 당시 전체 유저에게 공지되는 메시지창인 하트비트메가폰에 대리헬 공지가 떴고 내가 들어가게 됐다.

이 대리헬이 내 첫 방송이었다. 예나 지금이나 나의 게임 실력은 '하 중의 하'라고 할 수 있다. 다들 알지? 헬을 돌고 싶어도 나는 아이템이 늘 모자랐다. 그러니 남한테 도전장을 받아서라도 던전을 돌고 싶어지게 된 거다. 당연한 수순이랄까.

그렇게 마이크도 없이 '별것 아닌 이유'로 아프리카TV 게임 방송 BJ가 되었다. 당시 내가 사용했던 '한손에총들고'라는 ID는 아직도 살아 있다.

340만 유튜버 보겸의 시작은 이렇게 사소했다. 별다른 계획도 없이 그저 재미를 좇다 시작된 던전앤파이터 게임 방송으로 나는 1인 크리에이터라는 새로운 길에 들어섰고 지금도 그 길을 걷고 있다.

매일 매일이 즐겁던 어느 날 베스트 BJ가 되다

지금 생각해보면 내 인생을 완전히 바꿔버린 일생일대의 사건이 었음에도 나는 '첫 방송'이 잘 기억이 안 난다. 어떤 던전을 돌았는지 어떤 아이템을 얻었는지, 흐릿하다. 마이크를 켜기 시작한 것이 첫 방송 이틀 후였는지 사흘 후였는지도 모르겠다. 하지만 '이거 재밌네.'라는 느낌을 받았던 것만은 확실하다. 첫 방송 이후 나는 매일 아프리카TV에 들어가 게임 방송을 했다. 최하 중의 최하, 말도 안 되는 실력으로 던전앤파이터 게임 방송 BJ가 됐다.

당시 나의 일상은 아침에 일어나 9시쯤 학교에 가고, 6시 정도 캠퍼스를 나와 아르바이트를 하던 옷 가게에 갔다가, 10시 넘어 매장을 정리하고 집에 오는 생활의 반복이었다. 일과를 마치고 집에 오면 피곤했고, 시간도 이미 남들은 잠들었을 시각. 나는 이불을 펴는 대신 서둘러 컴퓨터를 켰다. 게임 방송을 하고 싶어서 몸이 들떴다. 그렇게 새벽 2시까지 늦으면 동이 틀 때까지 방송을 했다.

왜 그렇게까지 했는가, 생각하면 답은 간단하다. 너무 재미있었다. 시청자들과 대화하고 함께 게임을 하는 것이 너무 좋았다. 나는 그 시간을 확실히 즐겼다.

"○○님 주무세요? 어서 일어나세요. 게임 같이 봐야죠."

같이 밤을 새우는 시청자의 이름을 불러가며, 농담을 던지고 호응을 끌어내는 그 순간이 좋았다. 집에서 학교로, 학교에서 아르바이트 하던 옷 가게로 종일 뛰어다니며 힘들어도, 방송을 할 때만큼은 지칠 줄 모르고 떠들었다. 그러다 정 체력적으로 한계가 오면 쪽잠을 자고 오겠다는 공지를 하고 잠시 눈을 붙였다가 다시 모니터를 켜고 방송을 진행했다. 그렇게 쉼 없이 방송을 하고 한 달쯤 지났을 때 아프리카TV 내 채널에 '베스트 BJ' 엠블럼이 걸렸다.

(((·)))
포부도 비전도 없지만 나는 재밌다!

베스트 BJ가 되고, 처음에는 이게 뭔가 했다. 아프리카TV 운영자가 분야별로 월에 1명씩 베스트 BJ를 선발한다고 알려주었다. 아프리카TV 운영진이 시청자 수를 기준으로 선발하는데, 당시로써는 BJ 입문 2달도 안 돼 베스트 BJ가 된 것은 매우 이례적인 일이라고 했다. 그것도 던전앤파이터(던파는 비인기 카테고리였다.)로. 베스트 BJ라는 하나의 타이틀 덕분에 2012년 4월의 봄은 내게 매우 특별했다.

베스트 BJ가 되면 여러 가지 특전이 주어진다. 일단 방송에 수용할 수 있는 시청자 수가 300명에서 1,000명으로 늘어난다. 그때부터는 본방뿐만 아니라 중계방도 생기는데, 방의 수용 인원을 초과해 입장한 시청자를 위해 다른 방이 열리는 것이다. 직접 관리하기는 어렵지만 더 많은 시청자를 모을 수 있으니 방송의 파워가 상당히 커진다. 그리고 베스트 BJ가 되면 모바일에서도 방송을 볼 수 있게 된다. 마침 당시는 아이폰3, 갤럭시S가 유행하던 시절이어서 스마트폰 이용자가 빠르게 늘고 있었다. 스마트폰으로 방송을 볼 수 있게 되면서 시청자 수가 한 번 더 폭발할 수 있는 계기가 되었다.

마지막으로 베스트 BJ가 되면 아프리카TV 메인에 방송이 노출돼 내 방송을 모르는 사람들도 방송으로 유입시킬 수 있다. 베스트 BJ라는 제도는 아프리카TV가 신입 BJ를 키워주는 제도 중 하나였던 셈이다. 나 역시 베스트 BJ가 되면서 새로운 시청자들과 교감할 수 있게 됐고 방송이 한층 더 재밌어지게 됐다.

별풍선 환전은 베스트 BJ가 되고도 한참 후에야 해봤다. 사실 처음에는 별풍선에 관심이 별로 없었다. 집에서 용돈을 주셨고 아르바이트도 하고 있어 금전적으로 크게 어려움을 느끼지 못했다. 그래서 별풍선에 더 연연하지 않았던 것 같다. 시청자들이 별풍선을 쏴주는 것이 고맙기는 했지만 감이 없으니 '그게 얼마나 될까.' 하는 생각도 했었다.

나의 관심은 오직 방송과 늘어나는 시청자에 꽂혀 있었다. 처음에 10명도 안 되던 시청자가 베스트 BJ가 될 즈음에는 200~300명으로 늘어났다. 베스트 BJ가 된 직후는 500명으로 뻥튀기가 되기도 했다. 물론, 이후에는 몇만 명의 시청자들을 수용하게 됐지만, 당시는 늘어나는 시청자들을 보는 것이 그저 감격스러웠다. 최고의 BJ, 유튜버가 되겠다는 대단한 포부도 비전도 없었지만 신나고 재밌던 시절이었다.

대한민국에서 유튜버가 되기 위해 필요한 건?

이 정도 이야기를 읽고 나면, 독자 중 몇 명은 '보겸의 시작'이 매우 실망스럽다고 생각할 것이다. 맞는 말이다. 크리에이터가 되기 위해 오랜 준비를 하거나, 다른 분야에 몸담고 있다가 재능을 발견해 크리에이터로 전향했다거나 하는 드라마틱한 이야기가 내게는 없다. 크리에이터가 되기 위한 열정? 나는 정말 아무 생각이 없었다. 나의 출발을 한 줄로 요약하면 '게임 좋아하던 아이가 게임으로 먹고 사는 게임 BJ가 된 이야기'일 뿐. 근데 무슨 팁을 주겠다고 책을 썼냐고? 아직 실망하기는 이르다. 조금 맥 빠지는, 너무나 사소한 '보겸의 시작'을 굳이 서두에 꺼낸 데는 다 이유가 있다.

최근 유튜버의 금전적 수익, 영향력 등이 이슈가 되면서 유튜브를 시작해야 하는 그럴싸한 이유가 많이 생겼다. 예를 들어 이런 거다. 유튜브 코리아가 밝힌 자료에 따르면 유튜브 이용자 수는 월 19억 명에 달한다. 대한민국 유튜브 이용자 수도 월 3,100만 명을 넘어섰다. 이제 유튜브는 스마트폰 사용자의 대다수가 즐겨 찾는 플랫폼이다. 그러다 보니 덩달아 대세는 유튜버, 즉 1인 크리에이터다. 몇 년 전까지 직업으로도 분류되지 않던 유튜버가 선망의 직종이 되었다. 그리고 어려운 이야기를 보태자면 4차 산업혁명과 정년을 기약할 수 없는 노동시장, 안정적 수입의 감소와 양극화 그리고 인플루언서 효과의 증가 등으로 유튜버라는 직종이 각광 받는 미래 직으로 분류되기 시작했다. 상황이 이러하니 수백만, 수천만의 구독자를 모은 유튜버가 되겠다는 원대한 포부와 비전을 가지고 1인 크리에이터에 도전하는 이들도 많아졌다.

그러나 나는 유튜버가 되는 데 꼭 거창한 무언가가 필요하다고는 생각하지 않는다. 우리는 운이 좋게도 누구나 원하면 자신의 창작물을 만들 수 있는 세상에 태어났다. 그리고 누구나 자신의 창작물을 인터넷에 올려 불특정 다수에게 전파할 수 있다. 자신이 원하는 것을 하고, 만들고, 나누는 데 어려움이 없는 세상이다.

나는 좋아하는 일을 하다가 여기까지 왔다. 늘 즐기며 유쾌한 모습을 보였지만, 사실 순탄하거나 쉬운 길은 아니었다. 내가 남들과 달랐던 점 2가지를 꼽으라면 좋아하는 것을 하는 데 약간의 주저함도 없었다는 것과 좋아하는 일을 '미치도록 즐겁게' 해왔다는 것이다. 그래서 누군가 유튜버를 하겠다고 한다면 나는 "주저 없이 시작하라."고 "대신 즐겁게 하라."고 이야기할 수 있다.

원대한 꿈과 비전, 실패했을 때 닥쳐올 좌절감, 다른 길이 아닌 이것을 선택해야 하는 중대한 이유 따위를 고민할 필요가 없다. 자신이 좋아하는 일을 하고 싶다면 유튜버가 되면 된다. 자신이 원하는 곳까지 가는 길은 쉽지 않을 수 있다. 하지만 어려운 일도 결코 아니다. 이것만은 확실하다.

레드오션이냐 블루오션이냐 그런 건 고민하지 마라

(((•)))
BJ 겸 유튜버 or 온리 유튜버

대한민국에서 활동하는 유튜버를 크게 두 부류로 나누면 'BJ 겸 유튜버'와 '온리 유튜버'로 구분할 수 있다. 체계적으로 컨셉을 잡고 촬영 및 편집을 진행해 업로드하는 유튜버도 있지만, 나를 포함해서 BJ로 시작해 유튜버로 자리를 잡은 유튜버들도 상당히 많다.

2006년부터 시작된 인터넷 방송 아프리카TV나 2011년 문을 열었다가 2017년 아마존에 인수돼 이름을 날리기 시작한 트위치TV 같은 인터넷 방송 중계 서비스에는 많은 BJ(스트리머)들이 있다. 많은 수의 BJ(스트리머)가 자기 생방송의 일부를 편집해 유튜브에 올

린다. 생방송에서는 별풍선 등의 수익을 얻을 수 있고 유튜브에서도 광고 수익을 받을 수 있으니 금전적으로도 비교적 안정적이다. 하지만 이런 방식에는 몇 가지 자격 요건이 있다. 생방송을 홀로 진행해야 하기 때문에 매우 강한 멘탈을 가져야 한다는 것. 그리고 BJ와 유튜버 활동을 병행하는 것이 체력적으로나 물리적으로 힘에 부칠 수도 있으니 건강을 챙겨야 한다는 것.

온리 유튜버 유형은 1인 크리에이터로서 기획, 촬영, 편집을 진행해 영상물을 만든 후 이를 유튜브에 업로드 하는 식이다. 유튜브를 안정적으로 시작하려는 이들이 선호한다. 모든 과정을 홀로 하지만, 하면서 배울 여력이 충분하면 부담을 덜고 진행할 수 있다. 편집물이 갖는 안정성도 있다. 촬영과 편집은 하면 할수록 는다. 본인의 아이디어에 기반한 기획력이 빛을 발할 수도 있다. 요즘은 본인이 콘텐츠 기획만 진행하고 촬영과 편집은 외주로 진행하는 경우도 많이 있다.

나는 BJ로 정점을 찍은 다음 다시 유튜브라는 새로운 시장에 좀 더 집중했다. 이 방법을 목표하고 계획했던 것은 아니다. 좋아하는 것을 하다가 잘하는 것을 찾고 그 길을 계속 걷다 보니 8년이 후다닥 흘러갔다.

1,000여 명의 시청자와 동고동락

다시 2012년으로 돌아가 보자. 아프리카TV 베스트 BJ가 되고서 나는 더 신이 나서 방송을 했다. 처음엔 재미로 시작했는데 하다 보니 점점 생활이 됐다.

물론, 모두들 예상했겠지만, 전에도 학과 공부를 열심히 하는 모범생은 아니었다. 그런데 BJ를 시작하고는 점점 아침 수업을 빼먹는 날이 많아졌다. 새벽까지 방송을 하는 날이 늘어나니 도저히 수업을 못 가겠더라. 수업일수가 부족한 상황이 되고 나서는 아예 학사경고를 각오하고 늦게까지 방송을 하기도 했다.

나도 내가 걸어온 시간을 되돌아보면서, 그때 왜 그렇게 갑자기 시청자들이 늘었을까 생각을 해봤다. 내 생각에는 시청자들에게 '한손에총들고'는 이전에는 없던 캐릭터였던 것 같다. 예나 지금이나 나는 게임을 진짜 못하는데, 놀라운 건 그렇게 게임을 종일 하는데도 게임 실력은 좀처럼 좋아지지 않았다. '한손에총들고'는 '게임을 열라 못하는 게이머'로 소문이 나기 시작했다. 웃어야 돼, 울어야 돼? 시청자들은 자신보다 못하는 게이머를 보기 위해 방송에 들어왔다. 10대 학생부터 30대 아재까지 던전앤파이터에 애정이 있는 이들이 방송에 들어와 인사를 나눴다. 게임을 응원하기도 하고, BJ를 디스하기도 하고, 망한 판에서는 위로도 해주고, 상대를 혼내주기도 했다. 그렇게 우리는 같이 아프리카TV에서 살았다.

　베스트 BJ가 되고 얼마 뒤 시청자 수는 4자리가 됐다. 1,000명이
넘는 사람들이 나의 방송을 보러 오니 기분이 달라졌다. 정말 하늘
을 나는 것 같았다. 지금이야 시청자 1,000명이 그리 대단한 것은
아니라고 생각할 수 있지만(아, 물론 대단하지만 그렇~게 대단한 것은 아
니라고 생각할 수도 있지만) 당시는 달랐다. 기분이 붕 뜨고 내가 뭐라
도 된 것 같은 느낌이 들었다. 그래서 방송을 더 열심히 했다. 오버
도 많이 했다. 괜히 업돼서 실수를 하는 날도 있었다. 하지만 방송으
로 나는 참 행복한 시절을 보냈다.

(((•)))

별풍선 첫 환전 380만 원을 그대로 방송에 쏟아붓고

　독자들이 궁금한 이야기로 들어가 보자. 나의 역사적인 첫 별풍
선 환전은 BJ로 2달을 조금 넘겼을 때였다. 잘 알려져 있듯이 아프
리카TV에서는 시청자들이 별풍선을 구입해 자신이 좋아하는 BJ에
게 쏜다. 어느 정도냐면 BJ를 직업 삼아, 별풍선을 월급 삼아 사는
BJ도 적지 않을 정도. 그러니 별풍선을 많이 쏴주는 시청자에게 좋
은 리액션을 해주는 것이 BJ에게 굉장히 중요한 일일 수밖에.

　하지만 당시 게임 BJ였던 나는 그런 데 특별히 연연하지 않았던
것 같다. 워낙 게임도 못 하고 주로 하는 게 입으로 떠드는 일이라

크게 화려한 별풍선 리액션을 하지 않았던 부분도 있다. 그런데도 많은 시청자들이 별풍선을 쏴주었다. 지금 생각해도 너무 고맙다.

시청자들은 별풍선을 개당 100원에 구입한다. 부가세까지 포함하면 110원이다. 별풍선 1개를 BJ에게 쏴주면 BJ에게 돌아가는 수익은 60원이다. 이렇게 말하면 별로 크지 않은 것 같지만 티끌 모아 태산이라고, 별풍선이 쌓이고 쌓이면 상당한 수익이 된다. 베스트 BJ가 되면 별풍선의 개당 수익은 70원으로 올라간다. 이후로도 시청자가 많아지면 아프리카TV에서도 파트너 BJ로 인정을 해주며 별풍선의 개당 수익은 80원으로 올라간다.

내가 별풍선을 처음으로 환전한 건 베스트 BJ가 된 후였다. 하지만 이전에 받은 별풍선이 대부분이었기 때문에, 대부분 60%로 환전이 됐다. 그런데도 상당한 금액이 통장에 찍혔다. 첫 환전액이 380만 원이 넘었던 것으로 기억한다. 당시 하루에 4시간씩 1달 동안 옷 가게에서 아르바이트를 해서 버는 돈이 70만 원 안팎이었다. 예상외로 큰돈이 들어와 깜짝 놀랐다.

학교 강연이나 일반 회사 강연에 불려가 당시 이야기를 꺼내면 다들 "그 큰돈을 어디 썼느냐?"고 묻는다. 맘만 먹으면 명품 시계를 하나 사도 됐을 걸 그랬다. 그런데 그때는 아무 생각도 고민도 없었다. 던전앤파이터에 들어가는 아이템을 샀다. 돈으로 게임 아이템을 사는 '현질'을 계속했다. 방송을 통해서 번 돈이기 때문에 방송에 쏟아붓는 것이 당연하다고 생각했다. 대리헬을 뛸 때도 최강의 아이템으로 무장했다. 문화상품권을 몇십 만 원어치 사다가 같이 게임을 하던 시청자들에게 긁어주기도 했다. 어차피 시청자들이 준 별풍선이니, 강화 망하고 뽑기 망해서 울고 있는 시청자들에게 준들 아깝지 않았다.

(((•)))
'BJ로 살아갈 수 있을까?' 하는 고민

그렇게 한 학기를 보냈고 여름방학 내내 아프리카TV에 푹 빠져 살면서 학교생활은 반쯤 포기 상태가 되었다. 가을 학기에는 학교에 가는 날이 점점 줄어들었다. 학교생활은 접어야겠다는 생각도 슬슬하고 있었다. 그러는 와중에도 내가 포기를 하지 못한 것이 하나 있었는데, 바로 옷 가게 아르바이트였다.

잠을 못 자고 밥을 못 먹었을 때에도 아르바이트만은 나갔다. 돈 때문이었다면 당연히 먼저 손을 뗐을 것이다. 하지만 당시 옷 가게 아르바이트는 내게 생활비나 용돈을 버는 것 이상의 의미가 있었다. 이후에도 아르바이트를 그만두는 데는 상당한 결심이 필요했다.

10대 때 나는 남들처럼 치열하게 진로에 대한 고민을 하지 않았다. 대학을 선택할 때도 특별한 걱정이 없었다. 담임 선생님이 화학 선생님이라 화학과에 갔다. 대학 입학원서를 쓸 때도, 등록금이 싼 국립대 중 집에서 가장 가까운 곳에 입학원서를 냈다. 그런데 대학에 입학하고 학교생활을 하면서 자연스러운 깨달음이 찾아왔다. '아, 화학으로는 내 적성을 살릴 수 없겠구나.' 입학을 하고 채 몇 달이 지나지 않아 알게 됐다. 그리고 동시에 '그럼 뭘 해서 먹고살까?' 하는 고민이 찾아왔고, 나는 이미 답을 알고 있었다. 다름아닌 옷 가게였다.

내게는 사람들을 상대하는 남다른 감각이 있었다. 단순히 손님의 환심을 사서 옷을 잘 파는 것과는 다른 것이었다. 낯선 사람과 대화를 하고, 상대의 취향을 이해하고, 원하는 방향으로 피드백을 하면서 제품을 소개하는 일에 소질이 있었다. 옷 가게를 차린다면 남들보다는 잘할 자신이 있었다.

내가 일하던 군산의 옷 가게 사장님은 매일 같이 '주인 정신'을 강조했다.

"그렇게 해서 일 배우겠냐? 주인 정신을 가져야 돼. 그냥 실렁실렁하면 아무것도 못 배워. 네가 주인이라고 생각을 해봐. 뭐부터 하겠어?"

사장님이 알바한테 하는 흔한 잔소리 중 한 구절이라고 생각하면서도 뇌리에 콕 박힌 단어가 있었다. 바로 '주인 정신'. 나도 주인 정신을 가져보고자 엄청 애를 썼다.

주인 정신을 가진 덕분에 누가 시키지도 않았는데도 한여름 찜통더위에 선풍기도 없는 옥탑 창고에서 옷을 정리했다. 아르바이트비를 받지 않고도 문 열 때 출근해 밤 10시 마감까지 가게를 지키기도 했다. 군대를 가기 전까지 2년 동안 옷 가게에서 나는 많은 걸 배웠다. 어떻게 옷을 팔아야 하는지 어떻게 사람들과 어울려 일하는지 어떻게 재고관리를 해야 하는지 대충 알게 됐다. 그리고 그 주인 정신이 내 채널을 더 소중히 여기는 계기가 됐다.

복학 후 자연스럽게 나의 장래 희망은 '옷 가게 사장'으로 정리가 돼 있었다. 부모님께 손을 벌리면 읍 소재지에 작은 가게 정도는 마련할 수 있겠거니 철없는 생각을 하며 복학을 했다. 그러니 게임 BJ를 시작한 그때도 옷 가게는 내게 미래가 걸린 중대한 일이었다. 장래를 생각한다면 학교는 땡땡이를 쳐도 아르바이트는 빠지면 안 되는 상황이었다. 그 생각대로 나는 나름 열심히 살았다.

그런데 BJ를 시작하고 몇 달 뒤, 밤낮을 바꿔가며 게임 방송에 열중하던 어느 날 하나의 의문이 찾아오고야 말았다.

"내가 온라인 방송의 BJ로 살아갈 수 있을까?"

((•))) 레드오션이냐 블루오션이냐, 그게 궁금한 거라면

아프리카TV BJ로 시작해 유튜버로 살아온 지난 7년간 나는 유튜버의 미래에 대해 진지하게 생각해본 적이 별로 없다. 누군가 내게 유튜브의 시장 변화에 관해 물어도, 내가 좋아서 하는 일이고 내 맘대로 할 수 있는 일이기 때문에 나는 이 일을 하는 것뿐이라고 말했다. 사실 IMF나 서브프라임 사태처럼 내가 몸담은 시장이 아예 없어지는 경우만 아니면 된다. 내게 온라인 미디어나 유튜버의 미래 따위는 큰 의미가 없는 셈이다.

그런데 최근, 유튜브에 관한 각종 기사가 쏟아지면서 '유튜브의 미래'에 관한 질문을 받는 일이 많아졌다. 대표적인 질문은 이것이다.

"유튜브는 블루오션이냐 레드오션이냐?"

대단한 미래학자도 아니지만 질문을 들었으니 일단 답을 해본다.

"요즘 대중이 시간을 소비하는 채널은 넷플릭스와 유튜브로(아마도 30:70의 비율로 유튜브가 우세할 것 같다) 양분되어 있다. 두 채널에서 사람들은 자신의 오락거리를 대부분 찾을 수 있다. 그러니 다른 채널을 굳이 찾아갈 필요가 없다. 좀 무게감이 있고 메시지가 강한 즐길 거리를 찾는 사람들은 넷플릭스로 갈 것이다. 대신 킬링 타임 용으로 짧은 시간 동안 볼거리를 찾는 시청자라면 유튜브로 찾아올 것이다. 이제 사람들은 스마트폰 없이는 한시도 살아갈 수 없게 됐다. 그러니 유튜브의 성장은 예견돼 있다."

여기까지 대답했는데도,

"그래서 현재의 유튜브가 레드오션이란 말이냐? 블루오션이란 말이냐?"

라고 묻는다면, 이때는 좀 더 복잡한 이야기가 필요하다.

이미 월 사용자 20억 명을 달성한 유튜브에는 많은 채널이 있다. 수많은 유튜버들이 1분마다 400시간의 동영상을 업로드 한다. 한 사람이 하루에 볼 수 있는 동영상은 길어야 16시간이다. 그러니 엄청난 경쟁이 생길 수밖에 없다. 게다가 100만, 300만, 1,000만 구독자를 거느린 유튜버들이 시장의 상당 부분을 차지하고 있다. 신규 유튜버들이 뚫고 들어와 두각을 나타내는 것은 점점 더 어려워질 것이다. 이런 형태로 보면 유튜브는 레드오션이라고 할 수 있다.

그러나 시장의 확장성을 보면 다른 판단도 가능하다. 이제 가족

중 누구도 진득이 앉아 TV를 보지 않는다. 저녁 시간이 되면 각자 자신의 스마트폰을 들고 방으로 들어간다. TV 시청에 여가를 할애하던 이들이 유튜브로 들어오고 있다. 이런 상황임에도 전체 인구를 따져보면, 세계적으로도 국내에서도, 아직 절반은 유튜브를 보지 않고 있다. 미개척지인 시장이 있으니 여전히 유튜브는 블루오션이다. 참신한 콘텐츠와 개성으로 무장한다면 얼마든지 가능성이 있다.

"그래서 레드오션이라는 겁니까? 블루오션이라는 겁니까?"

성격 급한 독자라면 한 번 더 묻고 싶겠으나, 이쯤 되면 나도 두 손을 들어야 한다. 나는 아직 잘 모르겠다. 정확한 답을 내리기 어렵다. 다만 하나는 말할 수 있다. 돈을 보고 유튜브에 발을 들인 사람이라면, 비록 어느정도 성공을 이룰 수 있을 지언정 분명히 끝내 제풀에 지칠 것이다.

(((•)))
"답도 없는 놈" 그러나 가볍게 시작하면 뭐 어때라

사실 나는 '정확한 답을 내리기 어렵다.' 다른 말로 '답 없음'의 상태로 여기까지 왔다. BJ를 해보겠다고 결심했을 때, 내가 얻은 결론은 '답 없음'이었다.

당시 나는 아무런 생각이 없었다. 그냥 BJ가 좋아서 열심히 했다.

옷 가게 사장이라는 보장된 몇 년 후의 직업을 포기할 생각도 없었다. 당시 내가 누군가에게 이런 사정을 이야기하고 학교도 옷 가게도 그만두겠다고 했다면 "답도 없는 놈."이라는 말을 들어야 했을 것이다.

그러나 나는 결심을 했다. '답이 없으면 어때? 안 되면 학교로 돌아오면 되겠지.' 하고 아르바이트를 그만두고 아프리카TV에 매진하기로 했다. 고백하건대 그나마 학교가 없었다면 나 역시 그렇게 쉽게 결정을 내리기는 어려웠을 것이다.

나는 유튜버의 길을 고민하는 사람들에게 "되도록 가볍게 시작하라."고 이야기한다. 비장하게 미래를 저당 잡힐 것까지는 없다. 돌아갈 곳이 있으면 더 좋다. 마음의 여유가 있는 상태에서 가볍게 시작하면 '답 없음' 따위는 크게 고민거리가 되지 않을 것이다. 여가와 취미 생활로도 충분히 유튜버가 되는 기쁨을 누릴 수 있다.

(((•)))
좋아하는 것을 꾸준히 하면 성공한다

유튜브를 시작하는 사람 중에 말리고픈 사람들도 있다. 이것 저것 다 팽개치고 유튜브를 시작하는 사람들이다.

많은 사람이 '사생결단의 각오'로 덤비면 더 나은 결과가 나올 거라고 생각하지만 현실은 그렇지 않다. '참담한 결과가 나오더라도

다 겪을 각오가 돼 있다.'는 생각은 자만심일 뿐이다.

사람들은 누구나 자신만의 '잘난 맛'이 있다. 받아쓰기 100점만 받아도 우쭐하는 것이 사람이다. 하면 될 줄 안다. 특히 이미 사회에서 성공한 경험이 있는 사람들은 자기가 실패할 거라고 생각하지 못한다. 그러나 기대가 크면 실망도 큰 법이다. "내 눈에는 내가 쟤보다 잘하는 것 같은데…" 하는, 우월감도 열등감도 아닌 묘한 감정에 휩싸여 멘탈 관리에 실패하는 경우가 많다. 상당수가 위기를 넘지 못하고 채널을 접는다.

첫술에 배부를 수 없다. 원대한 포부를 갖고 찬란한 계획을 세워 일을 진행해도 뜻대로 되지 않을 때가 많다. 유튜브에서 두각을 나타내는 데는 콘텐츠를 쌓아가는 성실함과 자신만의 캐릭터를 어필할 수 있는 재능이 필요하다. 성실함과 재능은 직접 뛰어들어봐야 확인할 수 있다. 시간이 필요하다. 레드오션이냐, 블루오션이냐 이런 것을 따지기보다, 크리에이터의 결심은 단순한 것이 좋다.

"가볍게 시작한다. 좋아하는 것을 한다. 꾸준히 한다."

이 정도면 충분하다.

1인 미디어 시대,
반드시 선택과 집중의 때가 온다

(((•)))
방송 때문에 용달 이사를 다니다

방송을 하다 보면 사건사고가 끊이지 않는다. 사실 그게 방송의 묘미이기도 하다. 2012년, 본격적으로 아프리카BJ로 활약하고 있을 때였다. 원룸 주인 할머니가 찾아와 현관문을 두드렸다.

"학생 때문에 304호, 306호, 205호 나갔어. 도저히 안 되겠으니까 오늘 당장 방 빼!"

실화였다. 갑작스러운 통보에 앞이 막막했지만 주인 할머니나 주변 학생들의 상황은 이해가 가고도 남았다. 자, 당시 상황은 이랬다.

나는 아르바이트를 그만두고 전업 BJ로 살고 있었다. 옷 가게를 그만둔 것이 벌써 6개월 전의 일이었다. 내 삶은 온전히 컴퓨터가 있는 작은 방에 갇혀 있었다. 그리고 방에 있는 대부분의 시간 동안 방송을 하며 지냈다. 밤이고 낮이고 방송을 하며 고성을 지르는 날이 많았다. 동네가 한적해 밤에는 더욱 소리가 크게 울려 퍼졌다. 이웃들의 민원은 당연한 것이었다.

이런 일들이 몇 번 더 벌어지고, 나는 주변 사람들에게 신경을 쓰지 않을 수 없었다. 뇌물도 서슴지 않았다. 주로 치킨을 사서 돌렸다. 사과도 하고 양해도 구하고 인사도 자주 했다. 그런데도 내 소리가 시끄러워 이사를 갔다니 나도 버틸 명분이 없었다. 그날로 용달을 불러서 친구 집으로 이사를 했다.

스튜디오의 바퀴벌레 사건

몇 번의 이사 끝에 나는 사는 곳과 방송하는 곳을 분리해야겠다고 결심했다. 군산은 대도시가 아니어서 집값이 비교적 저렴하다. 사는 집 가까운 데, 확실히 방음이 되는지를 확인하고 방 2칸짜리 아파트를 구했다. 온전히 방송을 위한 스튜디오로 사용하기 위해서였다. 큰 방 하나에 침대 프레임 없이 리액션용 매트리스만 깔아 놓고 갖가지 일을 벌였다. 대부분 비슷했지만, 게임이 잘 안 풀리는 날은 방방 뛰면서 소리를 지르고 신들린 듯 방송을 했다. 키보드도 몇 대나 부숴 먹었다.

그런데 어느 날 어머니가 그 집에 쳐들어오셨다. 좀처럼 서두르거나 화를 내는 일이 없던 어머니가 연락도 없이 집으로 오셨으니 나로서는 '쳐들어오셨다.'는 표현이 가장 적합했다(참고로 이때까지도 어머니는 내가 방송을 한다는 걸 모르셨다.). 어머니의 첫 마디는 "너 요새 뭐 하고 지내냐?"였다. 곧장 방으로 들어간 어머니는 방 꼴을 보고는 아연실색하셨다. "이게 뭐니…" 작게 한 마디 중얼거리시고는 별말 없이 이쪽저쪽으로 바닥에 깔린 물건들을 정리하고 방을 치우기 시작하셨다. 나도 죽을 맛이었다.

그런데 이어서 진짜 문제가 터졌다. 큰 방 바닥에 깔려 있던 매트리스를 들어 올리는 순간, 바퀴벌레가 우르르 쏟아져 나온 것. 너무 놀라서 나는 현관 밖으로 바로 뛰쳐나갔다. 어머니도 소리를 지르셨다. 나는 어머니도 나를 따라 나오실 줄 알았다. 그런데 현관 밖에서 아무리 기다려도 어머니가 나오지 않았다. 뭔 일인가 하고 들어가보니 어머니는 매트리스를 세워두고 방을 치우고 계셨다. 확실히 엄마는 위대하다. 어머니는 그 무서운 바퀴벌레가 살던 매트리스를 손수 치워주셨다. 물론 하루에 끝나지 않았다. 어머니는 다음날도 그 다음날도 집을 치우고 벽지까지 다 닦고 나서야 집으로 돌아가셨다.

"밥 잘 챙겨 먹고, 가끔 청소도 하고…" 심한 잔소리 한 번 못하고 어머니는 그대로 서천으로 돌아가셨다. 나도 이때는 마음이 짠했다.

(((•)))

정체기는 의외로 바쁜 시기에 찾아온다

반복되는 일상에서 사고가 벌어지면 사람들은 사고에 집중한다. 주변에 무슨 일이 벌어지는지를 모른다. 특히 소리 없이 나타나는 변화는 잘 모른다. 나의 경우도 마찬가지였다. 방송을 할수록 자잘한 사건 사고는 계속 일어났다. 일상의 사건들을 수습하며 방송을 하느라 바빴다. 온라인 방송에 변화가 나타났고 그것이 거대한 흐름이 되었다는 걸 나만 모르고 있었다.

"형은 왜 유튜브 안 해요?"

시청자들이 먼저 이야기를 꺼냈다. 하지만 나는 무시했다. 오직 아프리카TV에만 매달렸다.

해가 뜨는 아침까지 방송을 하고 잠이 들어 정오가 다 돼 일어났다. 낮에는 퀘스트 깰 것들, 조각할 것들, 게임 루트 등을 생각하며 시간을 보냈다. 리액션 재료도 준비해두어야 했다. 되도록 탄탄하게 준비했다. 뭐할지 좀 더 생각하고, 정리를 해두니 방송도 더 잘 풀렸다. 방송이 즐거웠다. 던전앤파이터로 1만 명이 넘는 시청자와 소통하고 있었다. '가조쿠'라는 이름의 나만의 팬들도 쌓여갔다. 이것저것 따지지 않고 어려운 친구들을 도왔더니, '보황(보겸+교황)'이라는 닉네임도 얻었다. 저녁에 시작한 게임으로 밤새는 줄 몰랐다 해가 중천에 떠야 잠을 자는 생활이 반복됐다.

"다른 BJ들은 유튜브 한다고 난린데 형은 왜 암 것도 안 해요?"

댓글의 수위가 한층 올라갔을 때에서야 떠밀리듯 유튜브에 들어가 계정을 만들었다. 이때도 별 감흥은 없었다.

나는 바빠서 내가 정체돼 있다는 것을 느끼지 못했다. 내가 우물 안에 갇힌 개구리라는 것을 깨닫지 못했다. 2014년에 유튜브 계정을 만든 이후 내가 한 것이라곤 되는 대로 아프리카TV 방송을 잘라다 계정에 올리는 것이 전부였다. 무 자르듯 뚝뚝 잘라 올리다 보니 맥락도 재미도 없었다. 그저 콘텐츠 개수만 늘어났다. 그래도 알음알음 구독자가 늘었지만, 의미 있는 숫자는 아니었다. 유튜브를 본격적으로 시작하기까지 나에게는 많은 고민과 결심이 필요했다.

일단 내가 몸담고 있는 우물 안에서 내게 주어진 생존의 문제들을 해결해야만 했다.

(((•)))
7억은 버렸지만 미래는 버리지 말자

2014년 3월, 늦겨울 추위가 계속되던 날이었다. 밤을 새우고 새벽까지 방송을 계속하니 배가 너무 고팠다. 그런데 수중에 자장면 사먹을 돈도 없었다. 방송 중이었으니 "진짜 형이 너무 배가 고픈데 지금 2400원 밖에 없다. 짬뽕 하나만 시켜주라."라고 이야기를 꺼냈다. 시청자가 1,000명 정도는 있었던 것으로 기억한다. 다행히 몇 명의 시청자가 군산의 자장면집에 직접 전화를 걸어 음식을 시켜주었다. 자장면, 짬뽕에 요리까지 시켜줘 아침을 배터지게 먹었다.

그제야 곰곰이 생각을 해보았다.

'2년간 방송을 하고 내게 남은 것이 뭔가? 던전앤파이터로 방송을 이렇게나 열심히 했는데 도대체 무엇이 남았나?'

솔직히 '한손에총들고'의 진심 팬인 가조쿠들밖에 없었다.

물론 당시 시청자들이 쏴준 별풍선으로 나는 상당한 수입을 올리고 있었다. 대충 어림잡아도 누적 수익이 약 7억 원 이상은 됐을 것 같다. 그런데 2014년 3월, 방송을 위한 아파트를 임대하고 최소한의 의식주를 해결한 것 외에 남은 것이 없었다. 심지어 그렇게 돈을 벌면서도 몇 번은 고향 친구나 어머니한테 돈을 꿔서 방송을 하기도 했다. "오늘 방송해야 하는데 콘텐츠가 없어. 아이템 살 돈도 없고…" 사정을 해 100만 원, 200만 원을 빌려서 방송을 했다.

그 많은 수익을 한 푼도 남기지 못한 가장 큰 원인은 '나의 무개념 경제관'이었다. 나는 방송과 시청자들이 내 인생에서 가장 중요하다고 생각했다. 그래서 게임을 위해서든 시청자들을 위해서든 돈을 아낌없이 썼다. 지출의 대부분은 던전앤파이터 아이템 구매에 들어갔다. 굳이 따지자면 그게 7억 원은 됐을 거라고 나는 생각한다. 던전앤파이터라는 게임을 잘 모르는 사람들은 '설마 그렇게까지?'라고 생각할 수도 있을 것이다. 그러나 실화다. 던전앤파이터에는 한 개에 몇만 원, 몇십 만 원 그리고 몇백 만 원 하는 아이템들이 있다. 아이템을 장착하면 말도 안 되게 쎄진다. 그런데 이 아이템은 평생 가는 게 아니라 폭파되거나 없어지기도 한다. 무리한 과금 유도라는 것을 알면서도 나는 아까운 줄 모르고 현질에 매달렸다. 방송에서 좋은 플레이를 보여주고 싶다는 생각뿐이었다. 시청자들에게 일종의 '대리만족'을 안겨주고 싶다는 욕심도 컸다. 결과적으로 방송 2년 만에 약 7억 원이라는 돈이 공중분해 됐다.

정신을 차리고 주변을 돌아보니 아이템 구매 비용이 적게 들거나 아예 들지 않는 무과금 게임을 했던 BJ들은 제법 그럴듯한 것들을 장만하고 있었다. 아파트도 사고 외제차도 뽑고. 소위 말해 BJ로 부자가 됐다. 부러운 건 아니었다. 얘들아, 진짜다. 형 안 부러워. 다만 별풍선 수입으로 하루를 살고 현질 없이 방송을 진행하기 힘든 것에 어려움을 느끼고 있었다.

"앞으로는 현질 그만하면 되잖아."

친구들에게 상담을 하면 이런 간단한 대답이 돌아왔다. 근데 내가 그걸 모르냐고! 몰라서 계속 현질하고 현질하고 현질하는 게 아니지! 알면서도 어쩔 수 없는 상황이었다.

게임을 보는 시청자들은 더 자극적이고 화려한 퍼포먼스를 보기를 원한다. BJ들도 시청자들의 눈높이에 맞춰서 퍼포먼스를 하고 싶어 한다. BJ들이 고민하는 것은 게임 실력과 중계 능력 그리고 아이템이다. 게임 실력과 중계 능력을 키우는 것만큼 좋은 아이템을 구비하는 것이 중요하다. 때로는 게임 실력이나 중계 능력보다 아이템으로 더 좋은 퍼포먼스가 나올 때도 있다.

특히 던전앤파이터라는 요 게임은 유저 개인의 실력보다 돈(아이템)으로 승패가 갈린다. 쉽게 말해 나같이 게임 못하는 놈도 아이템만 제대로 끼면 어디 가서 큰소리 떵떵 칠 수 있다는 거야. 그러니 방송을 위해서는 아이템 구입을 안 할 수 없다. 방송을 하면 할수록 현질이 커지는 것은 당연한 수순이다. 방송에 욕심을 내면 낼수록 결국 빚만 커질 가능성이 매우 높다.

고민을 해보니 결론은 정해져 있었다. 나는 "더 이상은 무리."라고 판단했다. 시청자들이 사 준 자장면을 배불리 먹고, 천장을 보고 누워서 나는 비장한 결심을 했다. 깨진 항아리에 물 붓는 일을 그만두기로 한 것이다.

그리고 7억을 버리고 얻은 교훈을 3줄로 정리해 노트에 적었다.

"나는 창조적이지 못했다. 다른 것을 시도해보지 못했다. 7억은 버렸지만 미래는 버리지 말자!"

(((•)))
변화만이 살길이다!

BJ로서 스스로의 성장 가능성을 믿었던 나는 게임 종목을 바꾸기로 결심했다.

갈아타기로 정한 게임은 리그오브레전드League of Legends, 롤이었다. 다른 선택지는 없었다. 롤은 2011년 출시돼 2014년까지 한창 대중적 인기를 얻고 있었다. 이런 비유가 어울릴지 모르겠지만, 던전앤파이터가 초등학생들 바글바글한 태권도장이라면, 롤은 UFC였다.

중독성도 강하고 시간을 많이 투자해야 하며 실력도 좋아야지만 어느정도 인정 받을 수 있는 필드.

유명한 일화도 있었다. 2013년인가, 2014년인가 리그오브레전드의 승급전을 할 때 모 PC방에서 불이 났는데 게임에 집중한 애들이 대피할 생각을 안 했다고. 그만큼 롤은 흥미진진했다. 실제 던전앤파이터와 롤의 유저수는 10배 이상 차이가 났다. 게임이 재밌고, 싸우는 것도 신나고, 승부욕까지 생기게 하니 생방송에서도 텐션이 잘 올라올 것이 분명했다. 게다가 롤은 던전앤파이터에 비해 과금 유도가 매우 적다는 것도 큰 장점이었다.

하지만 게임 방송 BJ로서 게임 종목을 갈아타는 것은 쉬운 일이 아니었다. 각 게임에는 골수 유저들이 있기 마련이다. 이들은 자신이 사랑하는 게임에 목숨을 건다. 게임 방송도 자신이 좋아하는 게임만 보러 다닌다. 때문에 자신이 좋아하던 게임을 하던 BJ가 다른 게임을 하겠다고 하면 심한 배신감을 느낀다. 특히 자신의 게임과 경쟁하던 게임으로 옮겨갈 경우 배신감은 극에 달한다. 따라서 시청자들이 BJ를 따라 게임 종목을 바꾸는 일은 거의 없다. 차라리 BJ를 바꿔 버린다.

나도 어느 정도 각오를 하고 시청자들에게 이제 던전앤파이터를 그만하고 롤로 넘어가겠다고 발표를 했다. 놀랍게도 많은 시청자들이 게임이 바뀌는 데 크게 연연하지 않았다.

"보겸 형 가는 길이라면 지옥 길이라도 따라가겠어요."

응원의 메시지도 전해주었다. 정말 시청자들이 어디든 나와 함께 갈 것만 같았다.

그래도 게임을 한순간에 바꾸기는 어렵기 때문에 약 2달 정도의 크로스 시간을 예정해 두었다. 10시부터 2시까지는 던전앤파이터를 하고 새벽 2시부터 롤을 하는 식이었다.

각오도 하고 공지도 하고 첫 롤 방송. 현실은 각오했던 것보다 참담했다. 던전앤파이터에서 1만 명을 넘던 시청자들이, 롤만 켜면 150~200명으로 줄었다. 시청자 수가 1/100로 줄어들자 살짝 마음이 흔들리기도 했다. 하지만 이미 건너온 다리를 다시 건널 수는 없는 노릇이었다. 나는 그대로 밀고 나가기로 했다.

열심히 했다. 열심히 하는 수밖에 없었다. 하다 보니까 진짜 열심히 하고 있는 자신이 보였다. 밤새 방송을 하고 알람을 맞춰놓고 새벽 4시에 잠들었다. 그리고 8시에 일어나 다시 컴퓨터를 켰다. 하루 최소 12시간씩 생방송을 했다. 그러는 사이 기존 시청자들도 찾아와서 인사를 해주고, 롤의 새로운 시청자들도 들어왔다.

롤에서도 '게임 졸라 못하고, 남 탓하고, 키보드를 때려 부수는 BJ'로 소문이 나기 시작했다. 나보다 잘하는 BJ의 게임을 보기 위해 아프리카TV에 찾아오던 시청자들이 '나보다 못하는 돌아이의 방송'을 보기 위해 나의 방송에 들어왔다. 미리 상황을 준비하지 않고 최선을 다했던 것이 핵심 포인트가 아니었던가 싶다. 어느 순간 나는 롤 시청자들과 형동생 하는 친한 BJ가 돼 있었다. 시청자들은 못나고 과격한 '한손에총들고'를 보며 울고 웃어 주었다. 롤이 가진 인기와 돌아이 캐릭터가 만나면서 위기는 해소되고 기회의 창이 더 크게 열렸다.

게임을 바꾸고 1달 만에 시청자가 1만 명이 넘어가고 게임 카테고리에서 정점을 차지했다. 최대 시청자가 9만 8천 명까지 확장됐다.

(((•)))
변화를 무시하거나, 변화에 무지했을 때가 가장 위험하다

지금까지 7년간 방송을 해오면서 몇 번 선택과 집중의 시기가 있었다. 첫 번째는 앞서 이야기했던 아르바이트를 그만둘 때. 두 번째는 게임 종목을 바꿀 때. 그리고 세 번째는 아프리카TV에서 유튜브로 활동지를 확장할 때였다. 나는 1인 미디어를 생활의 터전으로 선택했고, 더 나은 종목을 선택했고, 더 나은 공간을 선택했다. 그리고 선택한 것을 위해서 과감하게 잔가지들을 정리했다.

1인 미디어 시장은 변화무쌍하다. 누구에게나 나처럼 무언가를 선택하고 집중해야 할 때가 반드시 온다. 사이드 잡에서 주업으로 공수전환, 자신에게 잘 맞는 대중성 있는 콘텐츠 찾기, 활동성을 넓히는 채널 선택까지 고민거리들이 끊임없이 생겨난다. 물론 어떤 선택이든 그것이 가장 좋은 선택이었냐 하는 것은 한참 후에나 판단할 수 있다. 하지만 우물 안 개구리는 성공하지 못한다. 변화를 무시하거나, 변화에 무지했을 때가 가장 위험하다.

아주 냉정하게 말해서 1인 미디어 크리에이터는 홀로 시장에 버려져 있다. 누구도 대신 선택할 수 없다. 변화의 흐름도 직접 체감해야 한다. 직원을 뽑고 MCN^{Multi Channel Network}(다중 채널 네트워크, 인터넷 스타를 위한 기획사)과 협업을 한다고 해도 필드를 뛸 사람은 나 혼자다. 결과에 대한 성과도 책임도 오롯이 혼자 감당해야 한다.

빨리 선택하고 더 집중해야 한다. 경험과 지혜가 쌓이도록 항상 짱구를 굴려야 한다. 선택의 순간을 너무 늦춰서도 안 된다. 그리고 시작은 과감해야 한다. 미련을 버리지 못하고 시간을 끌면서 망설이면 죽도 밥도 안 된다.

메뚜기도 한철?
유튜버는 사시사철이다

(((•)))
BJ는 한철 장사 아니야?

2015년은 BJ들 사이에서 암흑기로 통한다. 아프리카TV가 급성장하면서 선정적이고 폭력적인 온라인 방송에 대한 자성의 목소리가 높았다. BJ들의 부적절한 말과 행동도 도마 위에 올랐다. 방송통신위원회에서는 적극적인 규제에 나섰다. 이때 발표된 '인터넷방송 가이드라인'은 크게 실효성을 거두지는 못했다는 평가를 받지만, 당시 BJ들 사이에서는 "방송통신위원회가 규제에 나선 만큼 방송하기 좋은 시절은 다 지나갔다."는 말이 돌았다. 시청자의 비위를 맞춰 별풍선을 받고 수익을 유지하던 BJ들의 고민은 더 심각했다.

"형은 뭐 할 거예요? 어차피 BJ는 콘텐츠가 흥할 때 뿐이잖아요. 뭐 해 먹고 살지 슬슬 알아봐야죠."

동료 BJ의 말을 듣고 나는 흠칫했다. 그 말을 들을 때까지 나는 한철 장사니 두 철 장사니 하는 개념 자체가 없었다. 온라인 방송에서 멋지게 정년퇴임을 맞겠다는 상상도 안 해봤지만, 한두 해 안에 방송을 접을 거라는 생각도 안 해봤다. 재밌고 좋아서 방송만 하던 나도 슬슬 생각이란 것을 하게 됐다.

(((•))) 더 보여줄 것이 있을까?

내게도 개인적인 고민이 없던 것은 아니었다. 던전앤파이터에서 롤로 게임을 바꾸고 2년 동안 같은 방송만 해보니 "뭘 더 보여주어야 할까?" 하는 고민이 다시 생겼다.

세상에 아무리 맛있는 음식도 3일을 먹으면 물리기 마련이다. 게임이라고 다르지 않다. 신나서 할 때는 한 달이 하루같이 일 년도 하루 같이 넘어가지만 이미 깰 것 다 깨고 넘을 것 다 넘은 후에는 그런 재미가 줄어든다. 다 맛을 본 상황에서는 '새로운 맛'에 끌리게 마련이다. 시간이 흐르니 나도 시청자도 게임의 즐거움에서 슬슬 바닥을 보고 있다는 느낌이 들었다.

이러한 고민은 사실 나만의 고민은 아니었다. 새로운 것을 찾는 시청자들의 욕구를 가장 먼저 느끼는 이들이 바로 BJ들이다. 때문에 게임 BJ들은 시청자들이 선뜻 지르기 어려운 아이템을 사거나 감정을 폭발시키며 게임을 하는 것으로 새로움을 선사한다. 과한 리액션과 키보드를 부수는 행동까지 다 같은 맥락으로 이해해야 한다. 그런데 몇 년째 같은 게임을 계속하고 있으니 BJ들도 할 수 있는 것은 거의 다 해본 상황이었다. 그러니 주작을 하기도 하고, 욕설이나 다른 BJ에 대한 과한 비판을 하며 자극의 강도를 더 높이고자 했다. 선을 넘는 방송이 문제가 되기도 했다.

내가 보기에 새로움의 고갈과 선정적이고 폭력적인 방송 내용 그리고 방송통신위원회의 제재는 사실 하나의 연결선에 있는 문제였다. BJ의 말과 행동이 자극적으로 변해가지만 그나마도 그 나물에 그 밥처럼 시들하게 느껴지기 시작했으니 더한 무언가가 없이는 해결점을 찾기 어려울 것 같았다.

실제 당시 시청자들은 재미난 방송을 찾아 방송을 갈아타는 일을 반복했다. 방송 사이즈가 커진 나의 경우 말 한마디에 몇천 명의 시청자가 우르르 빠져나가기도 했다. 당시는 뭣도 모르고 눈 뜨고 코 베이는 느낌이었다. 이쯤 되니 '뭘 더 보여줄 것이 있을까?' 하는 고민이 들 수밖에 없었다.

(((•)))
일단 최강의 사나이가 되자

그런데 뒤통수를 아프게 한 결정타는 다른 데서 날아왔다. 4년을 밤낮이 바뀌어 방에서만 생활하다 보니 건강에 빨간불이 들어왔다.

나는 체력이 좋고 건강한 편이다. 운동도 좋아했다. 공군 헌병대에 입대한 후로 25개월 동안 하루에 2시간 이상씩 운동하며 배에 왕(王)자도 만들어 넣었다. 체력은 국력이라고, 이때 생긴 체력으로 밤새 방송을 해도 크게 이상이 없었다. 그런데 그것도 4년을 넘기고 나니 앉아만 있어도 하품이 났다. 몸이 피곤하니 방송을 하는 재미도 떨어졌다. 안팎으로 고민이 많았다. 고민을 해도 답이 안 나왔다. 일단 몸부터 살려야겠다는 생각이 들었다.

"내가 할 수 있는 것 중에 가장 어려운 것을 하자."

나는 운동을 시작했다. 그것도 '세계 최강의 사나이가 되는 운동'을!

〈원펀맨〉이라는 만화를 좋아했다. 원펀맨에는 사이타마라는 남자 주인공이 등장하는데 취미로 악당을 혼내주는 히어로다. 사이타마는 반짝이는 대머리에 맹한 얼굴, 거기에 촌스러운 복장이지만 악당을 혼내주는 멋진 남자다. 그리고 사이타마가 그토록 대단한 힘을 얻는 데는 몇 가지 특별한 훈련법이 있다. 바로 스쿼트 100회, 팔굽혀 펴기 100회, 윗몸 일으키기 100회, 10km 달리기다. 원펀맨은 이 훈련법으로 세계 최강의 사나이가 됐다.

나는 2015년 절실히 세계 최강의 사나이가 되고 싶었다. 그래서 스스로 '세계 최강의 사나이가 되는 운동'이라고 이름 붙인 사이타마의 훈련을 시작했다. 스쿼트, 팔굽혀 펴기, 윗몸 일으키기는 집에서 하고 군산의 수송동 집에서 군산대학교까지 혹은 산복동 친구네까지 달렸다. 눈 딱 감고 3개월을 하니 체력이 정말 말도 안 되게 좋아졌다. 매일 배달 음식, 야식으로 쌓여만 갔던 체지방이 다 사라졌다. 왕자 복근도 돌아왔다. 결정적으로 정신도 맑아졌다.

몸이 안 좋을 때는 정신도 피폐해져 아이디어가 떠올라도 '이게 될까?' 하는 생각이 먼저 들었다. 그런데 몸이 좋아지니까 '한 번 해볼까?' 하는 자신감이 돌아왔다. 추진력까지 더해지니 내가 정말 세계 최강의 사나이가 된 것 같았다. 그리고 그즈음 비로소 답을 하나 찾았다.

(((•)))
배고프니까 먹어보겠습니다!

"그래, 꼭 게임일 필요가 있을까?"

의문이 들었다. 나는 게임 BJ가 맞지만, BJ가 꼭 게임을 해야 하는 것은 아니었다. 개그맨 '유재석' 하면 '무한도전'이 떠오르지만 무한도전 없이도 유재석은 충분히 MC로서 명성을 날리고 있다. BJ로서 나 역시 다른 콘텐츠를 충분히 감당할 수 있을 것 같았다.

'게임 말고 나는 무엇을 좋아하나?' 생각해보았다. '사람들이 무엇을 좋아하나?'도 생각해보았다. 먹는 방송이 한참 인기를 끌고 있을 때였다. 나도 먹는 것을 좋아한다. 세상에 안 먹고 사는 사람은 없으니 먹방은 대중적인 아이템으로 가장 적합해 보였다. 일단 고민 하나 해결!

다음으로 먹방 첫 테이프를 무슨 음식으로 끊을지 고민했다. 가장 대중적인 것, 익숙한 것, 그러면서도 많은 사람의 사랑을 받는 것, 당연히 치킨이었다. 대한민국에는 치킨 프랜차이즈 가맹점이 4만 개나 된단다. 그만큼 흔하고 누구나 좋아하는 것이 치킨의 장점이었다.

'그렇다면 보겸은 치킨을 어떻게 먹을까?'

대부분의 먹방은 맛있게 먹거나 많이 먹는 식으로 진행된다. 나는 맛있게 먹는 연기력도 없거니와 남들과 다른 큰 위를 가지고 있

▶ 61

지도 않다. 그렇다고 상황을 짜서 재미를 뽑아내는 것도 나의 방식은 아니었다. 일단 그간 게임 방송에서 고집해온 것처럼 '진정성'에 방점을 찍기로 했다. 최대한 보겸답게 진정성 있게 먹기로 했다.

첫 먹방은 한참 늦은 시간에 진행됐다. 저녁도 못 먹고 방송을 한 뒤 몹시 허기질 때 치킨을 주문했다. 맨밥에 물만 말아 먹어도 괜찮다 싶을 정도로 배가 고플 때 통닭이 배달됐고 정말 게걸스럽게 먹어치웠다. 양념에 밥도 비벼 먹었다. 밥도 먹고 방송도 하니 나부터 좋았다. 시청자들도 게임 BJ 보겸의 먹방을 즐겁게 지켜봐 주었다. 게임이 아닌 방송으로도 보겸을 만날 수 있다는 것을 알게 되었다.

(((•)))
가조쿠 여러분, 저와 〈원피스〉 노가리 어때요?

2016년에는 〈원피스〉를 방송 콘텐츠로 끌어왔다. 어릴 적부터 나는 일본 만화 애니메이션을 좋아했다. 〈원피스〉는 1997년에 연재가 시작돼 아직까지 끝나지 않았으니, 젊은 세대들은 대부분 알고 있는 만화였다. TV에서도 방영되어서 인기가 높았다. 개인적으로는 피규어를 사 모을 정도로 〈원피스〉를 좋아했고 흠뻑 빠져 지내기도 했다. 〈원피스〉 내용 중 해적왕 골 D. 로저의 일대기, 흰 수염이 바다로 뛰어들 때 사건들, "너, 내 동료가 돼라."라는 명언을 만든 몽키 D. 루피의 활약상 같은 얘기는 밤을 새서도 할 수 있었다. 그래서 내가 좋아하고

남들도 좋아할 만한 것으로 〈원피스〉를 선택하고 방송을 기획해 보았다.

〈원피스〉 방송을 통해 나는 '가조쿠'라는 나만의 팬덤명이자 유행어까지 만들었다. 그 내용을 잠시 소개하자면, 최강 해적인 흰 수염이라는 캐릭터가 아직 최강 해적이 되기 전, 남의 배에서 선원으로 활동했을 때 일이다. 약탈한 보물을 분배하던 선장이 흰 수염에게 물었다. "자, 보물이 있으니 나눠 가져라. 너는 갖고 싶은 게 뭐야?" 이때 아직 어린 흰 수염은 "가조쿠."라고 대답했다. 자신은 해적들이 걸어 들인 금은보화보다 '가족(家族)'이 더 소중하다는 뜻이었다. 캬~ 이 이야기에 감명을 받은 나는 시청자들을 '가조쿠'라고 부르기 시작했다. 흰 수염이 무리를 키워 세계 최강의 해적이 되었을 때 흰 수염 옆에는 그가 그토록 바라던 가조쿠들이 있었다. 가조쿠라는 표현을 선택한 데는 방송을 하며 가조쿠들과 함께 성장하고 가조쿠들에게 좋은 영향력을 끼치는 크리에이터가 되고 싶다는 바람이 들

어 있다.

가조쿠들이 생기면서 나의 BJ로서 자존감도 한층 높아졌다. 이때부터는 콘텐츠를 가리지 않았다. 던전앤파이터, 리그오브레전드 외에 다른 게임들도 기회가 닿는 대로 시도해 보았다. 가조쿠들은 게임의 승패보다 내가 게임을 하면서 어떤 말과 행동을 하는지에 더 집중했다. 어떤 방송이든 찾아와 "형, 오늘은 인사만 하고 가요." 안부를 묻고 인사를 해주는 가조쿠들과 소통하며, 내가 하고 싶은 콘텐츠들을 마음대로 섭렵했다.

그리고 그즈음부터 "가조쿠 여러분, 이제 별풍선 안 쏴줘도 됩니다. 이제 먹고살 만해졌어요."라는 말도 할 수 있게 됐다.

(((•)))
그 많던 베스트 BJ는 어디로 갔을까?

아프리카TV 던전앤파이터 게임 BJ로 시작해 콘텐츠를 바꿔가며 '보겸'이라는 BJ를 알리기까지 4년 정도의 시간이 걸렸다. 그 사이 아프리카TV 내에도 많은 변화가 있었다.

2012년 내가 BJ로 처음 방송을 했던 시기는 아프리카TV로서도 1기에서 2기로 넘어가는 시기였다. 〈원피스〉로 따지면 해적왕 골D. 로저가 해적왕이 아닌 시절, 주연급인 '흰 수염' 에드워드 뉴게이트와 '금사자' 시키도 수많은 해적 가운데 하나였을 때다. 모두가 눈에 불을 켜고 달려들어 경쟁이 대단했다. 많은 BJ가 이름을 올렸다가 사라지기를 반복했다.

당시 활동하던 BJ들로는 양띵, 러너, 철구, 대도서관 등이 있다. 아프리카 BJ를 기수로 정리하자면 이들 선배들이 1기 내가 1.5기쯤 되는 것 같다. 선배들의 활약상이 대단했다. 당시 최정점에 있던 BJ들이 아직도 아프리카TV에서든 유튜브에서든 이름을 날리고 있으니, 대단한 재능과 노력을 가진 이들이다.

앞서 아프리카TV에서 베스트 BJ로 뽑혔던 것을 매우 자랑스럽게 이야기했지만, 사실 베스트 BJ를 받은 이는 나 하나가 아니었다. 당시만 해도 한 달에 10명 가까운 베스트 BJ가 뽑혔다. 1년 동안 분야별로 뽑힌 BJ를 다 합치면 100명도 넘을 것이다. 많은 스타가 떠올랐던 것은 확실하다. 그런데 그들 중 아직까지 온라인 방송인이나 크리에이터로 활동하고 있는 이는 내가 거의 유일하다. 나보다 앞서 데뷔한 BJ들은 유튜버로도 이름을 날리고 여전히 왕성하게 활동하고 있지만 나와 비슷한 시기에 시작했던 BJ들은 대부분 사라지고 없다.

그 많던 베스트 BJ들은 어디로 갔을까? 왜 그들은 사라질 수밖에 없었을까?

내가 지켜본 바로는 크게 두 부류였다. 우선 과격하고 선정적인 방송을 하던 BJ들은 '메뚜기도 한철' 이야기가 나왔던 2015년을 기점으로 방송을 접고 생업을 찾아 떠났다. 한몫 챙겨서 간 이들도 있고 아닌 이들도 있다. 또 다른 부류는 특정 게임이나 콘텐츠에 몰빵을 하고 다른 데 전혀 관심이 없던 BJ들이었다. 이들은 콘텐츠의 인기가 시들해졌을 때 함께 사라졌다. 특정 게임 하나, 특정 콘텐츠 하나에 열중하면 콘텐츠의 인기가 곧 BJ의 인기가 된다. 게임 인기가 바닥을 치면 BJ도 함께 사라진다.

(((•)))
1인 미디어는 결코 한철이 아니다

이야기가 길어졌는데, 좀 간결하게 결론을 내리자면 나는 1인 미디어는 결코 한철 장사가 아니라고 생각한다. 콘텐츠에 연연하지 않고 자신의 캐릭터를 살려서 방송을 계속할 수 있다면 죽을 때까지도 방송을 할 수 있다. 지금도 앞으로도 유튜브는 사시사철이다.

얼마 전까지 나는 공중파에 욕심이 있었다. 개인적으로 친한 방송국 PD에게 공중파 진출에 관해 진지하게 물어보았다. 그런데 PD의 대답이 영 의외였다.

"보겸 씨, 왜 공중파 오려고 그래? 오지 마. 그냥 거기 가만히 있어. 연예인들도 다들 못 가서 안달인데 왜 굳이 오려 그래. 1인 미디어는 시청자들이 알아서 다 찾아보잖아. 보러 오라고 안 해도 보러 오잖아. 그럼 됐잖아. 지금은 오면 손해야. 거기 있어, 그냥."

순간 뒤통수를 얻어맞은 것 같았다. 공중파에 나가면 공신력도 얻고 기존 세대도 아우를 수 있을 거라는 생각만 했는데, PD의 말에 일리가 있었다. 잘나가는 연예인들도 유튜브를 찾아와 구독자를 늘리려고 혈안이 돼 있는데, 내가 왜 굳이 공중파에 가야 한다고 생각했나? 그럴 시간에 다른 걸 더 신경 쓰자.

유튜브 판은 점점 커지고 있다. 대세는 정해졌다. 알아서 찾아와주는 사람들이 있으니 이제 나는 좋은 콘텐츠 제작에만 전념할 테다.

시작은 가능성을 확인하는
가장 빠른 길이다

(((•)))
어떻게든 시작은 했다

내게 유튜브라는 공간을 알려준 이는 가조쿠였다. 가조쿠들이 먼
저 내 등을 떠밀었다. 이런저런 데서 아프리카 BJ 중 양띵 님과 대
도서관 님이 유튜버로 활약하고 있고 공중파에도 진출했다는 소식
이 들렸다. 유튜브 구독자가 아프리카 TV 즐겨찾기보다 많다는 이
야기까지 들었다. 별수 없이 나도 계정을 만들었다. 누구나 해보면
알겠지만 시작은 정말 어려울 것이 하나 없다. 구글 아이디를 만들
고 유튜브에 등록을 하면 누구나 채널을 만들 수 있다. 클릭 몇 번
이면 뚝딱 내 콘텐츠를 올릴 채널이 생긴다.

별 감흥 없던 유튜버로서의 시작은 곧 시행착오의 시작이었다. 당시에는 유튜브 콘텐츠 기획이라는 것이 '아프리카TV 방송물을 어떻게 자를까.' 하는 수준이었다. 다른 유튜버들은 영상을 찍고 편집하고 효과 넣고 올리는데, 나는 생방송 영상을 잘라 올리고만 있었다. 재미도 없고 보기도 불편하고, 지금 보면 형편없다.

(((•)))
유튜버로 다시 시작한다

이정표만 박아 놓은 황무지처럼 볼품없는 유튜브를 방치하다가, 1년쯤 지났을 때에야 정신을 차릴 수 있었다.

롤, 오버워치, 원피스 등으로 온라인 방송이 순항 중에 있었고 최대 시청자도 5만 명을 넘겨 최고의 절정기였다. 하지만 개인적으로는 방송을 하면 할수록 생방송 BJ로서의 한계가 느껴졌다. 유튜브에 관한 정보가 들어올수록 피부로 와 닿는 한계가 더 명확해졌다. 당시도 유명 유튜브 채널의 콘텐츠 조회 수는 5만이 아니라 50만, 500만을 넘나들었다. 수익이 시청자의 별풍선이 아니라 광고에서 나오기 때문에 크리에이터가 느끼는 부담도 덜했다. 결정적으로 유튜브 영상의 경우 콘텐츠의 폭이 상당히 넓었다. BJ가 할 수 있는 콘텐츠, 시청자에게 끼치는 영향력이 집 앞 시냇물이라면 유튜버가 할 수 있는 일과 영향력은 태평양만 한 수준이었다.

"유튜버가 되기 위해 무엇을 해야 하는가?"

고민을 시작했을 때는 늦었다는 후회가 먼저 찾아왔다. 그래도 길은 가야 하니 마음을 추스르고 전열을 정비했다.

최고의 유튜버들을 검색하고 그들의 콘텐츠를 열심히 보았다. 국내 유명 유튜버는 물론이고 스웨덴 출신의 퓨디파이PewDiePie, 일본의 하지메샤쵸, 미국의 마크 플라이어Markiplier의 동영상도 살펴보았다. 다루는 소재는 게임, 음악, 일상 등 다양하지만 각자의 캐릭터를 살려서 자신만의 방송을 하고 있다는 공통점이 있었다.

(((•)))
모든 걸 갈아엎었다

하나의 콘텐츠를 집중해서 만들기로 하고 기획, 촬영, 편집, 업로드 과정을 반복했다. 게임 방송을 가져와 유튜브에 올릴 때도 막 가져다 올리지 않았다. 더하고 뺄 부분을 확실히 했다. 모든 촬영물이 유튜브 각으로 재편됐다.

콘텐츠의 중심이 유튜브로 옮겨가자 모든 것이 유튜브 중심으로 돌아갔다. '보겸TV'라는 이름만 빼고 모든 걸 갈아엎었다.

"굳이 이제 와서 바꾸는 이유가 뭔데?"

지인은 이제 할 만큼 해서 몸에 익을 대로 익은 BJ 자리를 비우고 굳이 주 무대를 유튜브로 옮기는 이유가 뭐냐고 물었다. 지명도와 광고 등으로 어느 정도 수익이 보장되고 있는 상황에서 새로운 일을 벌이는 나를 의아하게 생각했다.

"굳이 뭘 더 해? 매일 방송하는 것도 힘든데 편집을 배워서 영상을 만들 필요가 있어? 일을 계속 벌이는 이유가 뭔데?"

잔소리가 계속됐지만 나로서는 충분한 이유가 있었다.

"새로운 가조쿠를 만나기 위해서!"

내가 생각해도 멋진 답이다. 세상은 이미 유튜브를 중심으로 돌아가고 있었다. 유튜브에는 더 많은 가조쿠가 있었다. 새로운 가조쿠들을 만날 수 있는 더 넓은 플랫폼으로 가고 싶었다. 온라인 생방송은 엄밀히 말해 그들만의 리그다. 생방송이기 때문에 콘텐츠 기획에도 한계가 있다. 누구나 오갈 수 있고, 어떤 콘텐츠도 올릴 수 있는 장벽이 낮은 곳에서 새로운 시도를 해보고 싶었다. 그게 가조쿠들을 위한 길이라 생각했다.

(((•)))
하루 2개씩, 일주일에 14개! 가즈아 100만

유튜브를 갈아엎고 콘텐츠를 새로 쌓으면서 엄청난 강도로 방송을 하고 영상을 찍었다. 목표는 3~5분의 짧고 재밌는 콘텐츠를 하루에 2개씩 꾸준히 올리는 것이었다. '눈 뜨면 방송, 눈 감으면 취침'인 생활을 계속했다. 아프리카TV에서 생방송 콘텐츠를 가져다

가 유튜브에 올리는 일도 계속했다. 계정만 만들어 놓고 관리를 안 하던 시기가 길었던 탓에 구독자가 늘어나는 데는 시간이 걸렸다. 2017년 4월까지 구독자 증가 폭은 미비했다. 업로드를 활성화하니 2017년 5월부터 구독자가 증가하는 확실한 조짐이 나타났다. 2017년 12월부터는 매일 1만 명의 가조쿠들이 보겸TV의 구독 버튼을 눌러 주었다. 2017년 12월 20일 즈음에는 구독자가 100만 명이 됐다. 유튜브로부터 골드 버튼이 배달돼 왔다.

(((•)))
매일 매일이 시작이다

BJ와 유튜버는 많은 부분에서 다르다. 크리에이터로서 느끼는 가장 큰 차이는 '홀로 있다는 고독감'의 무게다.

BJ는 1명이 됐든 10명이 됐든 1만 명이 됐든 시청자와 함께한다. 그것이 긴장의 원인이 되기도 하지만 활력의 원천이 되기도 한다. 소재가 무엇이든 시청자와 호흡한다는 진행 방식이 정해져 있다. 대화가 있고 리액션도 있다. 자연스럽게 발전-전개-절정-결말을 만들 수 있다. 어떤 때는 가조쿠와의 인사, 근황 토크만 했는데도 한 시간이 후딱 지나간다. 방송이 잘 안 풀릴 때면 시청자와 이런 저런 이야기를 하면서 시간을 때울 수도 있다.

반면 유튜버는 카메라와 1대 1이다. 시간을 때울 거리도 숨을 곳도 없다. 시간도 공간도 다 혼자 채워야 한다. 겁나 고독하다.

그리고 유튜버에게는 매일 매일이 새로운 시작이다. 계정을 만들어 놓은 것만으로 구독자가 찾아오지 않는다. 콘텐츠를 올려야 한다. 그것도 꾸준히. 일단 나의 존재를 알려야 한다. 시청자는 단번에 구독을 눌러주지도 않는다. 몇 번 보고, 충분히 자기 검증을 거친 후에 '이 유튜버의 콘텐츠라면 보겠다.' 하는 마음으로 '구독' 버튼을 누른다. 거기서 끝이 아니다. 콘텐츠가 잘 안 올라오거나, 재미가 없다면 언제든지 '구독 취소'를 하고 떠난다. 유튜버는 시청자와 살벌한 밀당을 해가며 매일 매일 살아남아야 한다.

<((•))>
시작은 가능성을 확인하는 가장 빠른 길

"어떤 능력을 갖춰야 유튜버로 성공할 수 있을까요?"

재능, 순발력, 성실함 이외 기타 등등. 유튜버의 자질을 꼽으라면 한도 끝도 없다. 그러나 유튜버로 성공하기 위해서 당장 필요한 것 하나를 꼽으라면 '시작하는 용기'라고 답하고 싶다. 앞서 말했듯이 유튜버가 되는 길에 원대하고 위대한 포부나 비전은 필요 없다. 시작은 사소하고 가벼울수록 좋다. 시작 그 자체에 매우 큰 의미가 있다. 구글 아이디를 만드는 일, 유튜브에 계정을 만드는 일, 카메라 앞에 서는 일, 녹화 파일을 확인하는 일, 컴퓨터 편집 프로그램에 동영상을 띄워 보는 일, 원하는 대로 잘라 보는 일, 영상을 업로드 해 보는 일, 댓글을 확인하는 일, 그리고 유튜버들을 위한 기획사의 일종인 MCN 회사를 만나는 일… 하나하나가 다 시작이다.

죽이 되는지 밥이 되는지는 해봐야 알 수 있다. 재능이 있는지 없는지, 순발력이 있는지 없는지, 성실한지 아닌지도 해보면 안다. 알면 바꿔나갈 수 있고 성공으로 가는 길도 찾을 수 있다. 시작은 가능성을 확인하는 가장 빠른 길이다.

"저도 유튜버나 할까요?"

"엄마는 대학 가라고 하는데 저는 될 것 같지 않아요. 저는 프로게이머나 1인 방송을 하고 싶어요. 유튜버 괜찮을까요?"

"너네 아버지 차 뭐 타셔?"

"BMW 타십니다."

"어머니 돈 까먹을 만하네. 대학도 경험이야. 대학 경험하면서도 충분히 할 수 있어. 일단 대학에 가고 다음에 유튜버를 해. 듀얼로 충분히 할 만할 거야."

스타 유튜버들의 활약이 엄청나다. 대도서관, 허팝, 제이플라, 영국남자…. 이들은 어마어마한 채널의 소유자가 되었다. 이제 유튜버는 공중파에 심심찮게 출연하고 국내 큰 행사나, 해외 인사를 초청하는 이벤트에 불려 나간다. 유튜버에 대한 관심은 점차 높아지다 2019년 정점을 찍었다.

요즘은 "나 유튜브나 할까?" 하는 이야기를 많이 듣는다. 10대부터 40대까지 가볍게. 근데, 대중적인 아이템일수록 엄청난 노동력, 수고, 보이지 않는 마케팅, 광고 전략까지 꼼꼼한 접근이 필요하다는 걸 모르는 사람이 많다. 아니면 진짜 힘들다.

요즘 뉴스에서 기자들이 '유튜버', 'BJ', '대박', '돈' 이딴 것만 이야기하는데 진실은 그 너머에 있다. 살아남는 사람들은 0.0001이다. 요즘은 인터넷 방송국에서도 자력으로 올라오는 사람이 극히 드물다. 소위 특정 게임의 인기를 등에 업지 않으면 올라오지도 못한다. 또 재능 있는 사람은 이미 모두 씬에 등장했다. 지금도 간혹 나오기는 하지만 그야말로 간혹이다. 거기에 요즘은 MCN의 자본력까지 투입이 되니 처음 시작하는 사람들은 기존의 유명 유튜버에게 밀릴 수밖에 없다. 치고 올라오려면 군계일학이어야 한다. 압도적 콘텐츠를 보여주지 않으면 살아남을 수 없다. 거기다 콘텐츠가 터진다 해도 3개월이면 꺾인다. 터지는 콘텐츠가 꾸준히 나와 줘야 한다.

1인 미디어는 몰빵하기 쉬운 직업이 아니다. 차라리 두루 경험해보는 것이 좋다. 공부에 취미가 없는데 학교생활이 무슨 의미가 있냐고 물어볼 수 있다. 학교생활은 충분히 의미가 있다. 학교에서 제일 중요한 게 인성교육, 교우관계, 그리고 자기가 좋아하는 것을 찾는 것이다. 학교가 해주지 않으면 자기 스스로라도 답을 찾아야 한다. 첫째 인성, 둘째 교우관계, 셋째 자신이 좋아하는 것을 찾는 것! 이 세 가지를 일단 기억하자. 대학교육도 이 연장선상에 있을 수 있다.

유튜버를 하겠다면 차라리 대학 생활이 나을 수 있다. 대학 생활을 하면서 자신의 적성을 찾아가는 과정에서 유튜버로 활동해보는 것을 추천한다. 충분히 할 수 있다. 1주일에 18시간, 길어야 21시간 강의를 들으면 남는 게 시간이다. 집이 좀 살만하면 이것저것 다 해볼 수 있다. 좀 어려워도 자기가 하고 싶은 것을 찾아가는 과정이니 감내해야 한다.

Chapter
02

▶ 이 정도만
알아도
갑분싸는
피한다

시작
하는
유튜버를
위한
가이드

주작은
100% 망한다

(((•)))
주작의 유혹에 넘어가지 마라

가끔 뉴스를 통해 인터넷 상에 조작된 글을 올리거나 남을 사칭해 문제가 되는 사건들을 본다. 익명의 공간이기 때문에 없었던 이야기를 꾸며내거나 내가 아닌 다른 사람인척 하는 사건들. 유튜브나 인터넷 방송에서도 가끔 주작 방송 논란이 생기는데, 주작은 진짜 절대 해서는 안된다.

없던 일을 있었던 것처럼 만들고 실제 상황이 아닌 것을 주작하면 사실 보는 사람은 다 안다. '이거 뭔가 이상한데?' 댓글 등에서 눈치 빠른 사람들이 몇 번 대화를 주고받다보면 하루도 걸리지 않아 주작인 것이 밝혀진다. 한 번 주작한 것을 들키면 떨어진 신뢰는 되돌릴 수가 없다.

정 주작을 하고 싶다면 진짜 아무에게도 들키지 않을 정도의 연기력을 가져야 할텐데. 거의 송강호 급의 연기력이 아니라면 100% 들킨다.

유튜브가 인기를 끌면서 희로애락이 담긴 사연을 주제로 한 방송이 부쩍 늘었다. 콘텐츠를 확보하지 못한 유튜버들은 인기 많은 유튜버의 콘텐츠를 그대로 가져오기도 한다. 그리고 상황을 과장하기도 하고, 경쟁하듯 비슷한 내용을 내보내다 보니 '허술한 주작 방송', 조회 수를 올리려는 '꼼수쟁이의 억지 콘텐츠'라는 비난까지 받고 있다.

진정성이 없는 방송은 성장하지 못한다

시청자 입장에서 자극적인 소재들이 있다. 희한한 일, 일어날 법하지 않은 일, 도저히 해결될 기미가 없는 일… 그런 일이 방송에서 소개되면 안 보고는 못 배기게 된다. "도대체 어떻게 된 거야?" 흥미진진하게 방송을 보기 시작했는데 '억지 방송'인 것을 알게 되면 실망을 넘어 화가 인다.

연기가 다 나쁜 것은 아니다. 사실 많은 유튜버들이 연기의 달인이다. 각 채널에는 정해진 컨셉과 캐릭터가 있고 유튜버들은 구독자가 보기 원하는 그 캐릭터를 아주 충실하게 연기한다.

예를 들어 30대 남성이 아이들을 상대로 장난감을 소개한다. "여러분 안녕하세요, 오늘은 뽀로로와 함께 놀이동산에 가볼 텐데요. 무슨 일이 벌어질까요?" 카메라 앞에서 그는 영락없는 어린이의 친구다. 하지만 카메라가 꺼지면 "야, 가방 챙겨왔어? 마이크 소리 어때? 뒤에 배경 잘 살아 있어?" 하고 프로페셔널한 유튜버로 돌아간다. 카메라 앞에서는 정해진 캐릭터를 연기하는 것이다. 연기를 잘할수록 시청자의 마음을 사로잡을 수 있다.

이런 상황극에서는 역할에 몰입하는 것이 오히려 진정성이다. 그런데 이러한 방식은 모두가 차용할 수 있는 방식이 아니다. 많은 유튜버들이 하고 싶은 것은 '나를 보여주는 것'이다. 캐릭터 연기는 일부에 국한될 수밖에 없다.

브이로그에서나 자신의 전문분야를 소개하거나 좋아하는 것들을 이야기할 때는 연기를 하면 안 된다. 억지 방송도 마찬가지다. 시나리오를 짜고, 리액션을 받아줄 일반인을 섭외하고, 감정을 잡아 매소드 연기를 한다 해도 시청자는 알아차린다. 바로 댓글이 달리고 대댓글이 달리고 구설에 오른 후에는 시청자의 외면뿐이다. 자신의 재능을 보여줄 기회도 사라진다.

유튜브를 오래 시청한 시청자들은 딱 보면 안다. 눈이 무척 높을 뿐 아니라 콘텐츠를 분별하는 능력이 뛰어나다. 그러니 그들을 존중하고 정직하게 대한다면, 그것도 알아줄 것이 분명하다.

(((•)))
승리한 자는 추궁당하지 않는다는 헛소리

요즘 시청자들이 가장 싫어하는 것이 인위성, 바로 '주작'이다.

어떻게 특정 유튜버만 매일 기괴한 일을, 그것도 연달아 겪을 수 있지? 몇 개 에피소드만 봐도 주작의 냄새가 난다. 자극적 소재와 선정적 화면만 남고 진정성이 사라진 방송은 오래갈 수 없다.

"승리한 자는 진실을 말했느냐 따위를 추궁당하지 않는다."

옛날에 히틀러를 도왔던 선동의 대가 괴벨스라는 자가 했다는 말이다. 결과가 좋으면 다 좋다는 식의 이런 마인드는 1인 미디어에서는 통하지 않는다. 대한민국의 유튜브에서는 더 확실하다. 유튜브 수사대의 역량을 과소평가해선 안 된다. 털자고 하면 초등학교 학적부까지 털 수 있는 게 유튜브 수사대들이다. 주작 방송도 끝까지 파헤쳐 찾아낸다.

한 번은 공중파에서 자매의 하루를 보여주는 방송을 보았다. 이야기는 아침 일찍 눈을 뜬 자매가 "오늘은 뭘 할까?"를 고민하는 데서 시작한다. 언니가 "오늘은 맛있는 칼국수를 해먹자."고 이야기를 꺼내자 동생은 "오랜만에 칼국수 먹을까."라고 응수했다. 그리고 바로 둘은 주방으로 간다. 그런데 벌써 주방 이곳저곳에는 카메라가 설치돼 있었다. '에이, 오늘 미리 준비한 콘텐츠가 칼국수 만들기이고만.' 느낌이 딱 온다. 둘은 즐거운 하루를 보냈지만 지켜보는 사람들은 이미 김이 샜다. 진짜 '리얼'이 아닌 것을 알아차렸기 때문.

(((•)))
캐릭터는 나의 옷, 가장 잘 맞아야 한다

캐릭터도 자신에게 맞는 자연스러운 것이 좋다. '초딩', '모자란 형', '파이팅 넘치는 50대' 아무리 재밌는 캐릭터가 있어도 평소 자신과 같지 않다면 오래 가기 어렵다. 요즘은 초딩 캐릭터가 잘나가니까, 파이팅 넘치는 기운찬 모습이 보기 좋아서, 유명 유튜버도 츤데레 형으로 성공했으니… '이런 식의 생각으로 캐릭터를 잡았구

나.' 하는 것을 이미 구독자들은 빤히 들여다보고 있다.

나와 코드가 잘 맞는 세대는 초등학교 고학년부터 고등학교 1~2학년까지다. 내가 철이 안 들어서 그런가? 그 세대와 공감대가 잘 생긴다. 어찌 보면 나이에 비해 덜떨어지고 부족한 면이 많다고도 할 수 있겠지. 화면 안이나 밖이나 항상 그렇다. 정모에서 만난 가조쿠들이 하는 말도 "형 화면하고 똑같아요."다. 촬영을 한다고 일부러 꾸미지도 않는다. 아침에 눈 떠 딱히 준비하지 않고 녹화를 시작해도 이상하지 않다.

캐릭터는 옷이다. 잘 맞아야 한다. 남이 입은 옷이 좋아 보여서 따라 입으면 그 태가 나지 않는다. 가장 잘 맞는 옷을 입어야 자유롭게 움직일 수 있고 오래 활동할 수 있다.

카피와 창조는 한 끗 차이지만
대부분 그걸 모른다

(((•)))
하지메샤쵸는 이미 다 카피됐습니다

내가 본격적으로 유튜브를 파기 시작한 건 2017년부터다. 당시에는 정말 잠자고 방송하는 시간 빼놓고는 유튜브나 다른 방송을 보면서 지냈다. 국내외 많은 유튜버 중 나와 잘 맞고 재밌다고 생각한 유튜버는 많았지만 그중 제일 눈에 띈 사람은 일본의 하지메샤쵸였다.

하지메샤쵸는 2012년 개설된 유튜브 채널로 2019년 4월 기준으로 780만 명이 넘는 구독자를 보유하고 있다. 영상 조회 수도 업로드 후 하루 이틀 사이에 100만을 쉽게 넘긴다. 하지메샤쵸의 주인장은 1993년생인데 콘텐츠가 전체적으로 밝고 가볍다. 주로 '~해 보았다', '과자나 장난감 언박싱과 후기', '몸을 이용한 실험', '일상생활'을 담고 있다. 우리 정서에 아주 자극적이고 신기한 수준은 아니지만 거부감도 없다.

유튜브 탐색 초창기에는 며칠간 하지메샤쵸의 영상을 집중해서 본 적도 있다. 그런데 신기하게 그 후로 국내 유명 유튜버의 영상을 볼 때면 '한 번쯤 본 듯한' 데자뷔 현상이 나타났다. 하지메샤쵸의 소재, BGM, 액션, 엔딩을 그대로 따라 한 경우가 많았다. 빠른 템포에 유쾌한 느낌, 과하다 싶은 리액션, 거기다 화려한 자막 스타일까지. 국내 유명 유튜버들의 영상을 재밌게 보다가, 하지메샤쵸의 과거 영상에서 비슷한 콘텐츠를 발견하고는 "뭐야, 여기 다 있던 거잖아." 하는 허탈감을 느끼기도 했다.

(((•))) 창조란 익숙한 것에 새로움을 입히는 것

콘텐츠 크리에이터의 일은 새로운 것을 만드는 일이다. 그런데 하늘 아래 새로운 것이 있을까? 100% 완전히 다른, 정말 아예 새로운 것은 없다. 그런 걸 하려고 애를 쓸 필요도 없다.

나는 수학 공부를 하듯이 콘텐츠 기획에 매달리지는 않는다. 대충 감으로 때려잡는다. 하지만 다하고 난 뒤에는 콘텐츠의 어떤 공통점 같은 것을 발견한다. 우선 대중적인 아이템을 고른다. 물론 내가 좋아하는 것이어야 한다. 거기에 새로움을 입힌다. 그리고 나와 잘 맞게 조율한다. 여러 포인트가 있지만, 모방이 단순히 모방으로 그치는 경우는 없다. '익숙한 것에 새로움을 주는 방식'을 나만의 트레이드마크로 활용하고 있다.

앞서도 이야기했지만 게임에서 다른 콘텐츠로 넘어가고 싶었을 때, 내가 선택했던 카테고리는 먹방이었다. 세상에 안 먹고 사는 사람은 없다. 대중적이고 익숙한 치킨에, 보겸의 새로운 '진정성 있는 스타일'로 새로움을 입혀서 방송을 했다. 나를 보러 오는 시청자들에게는 새로운 재미였다.

이후 먹방은 머리에 담아둔, 한 번쯤 더 해보고 싶은 콘텐츠였다.

그러던 어느 날 우연히 거리를 다니다 '미슐랭 가이드' 마크를 보았다. 보통 미슐랭 가이드에 수록된 고급 음식점은 1인 식사에 30만 원을 호가한다. 4050세대에게는 특별할 것이 아닐 수 있어도 10대부터 30대 초반의 보겸TV 시청자들에게는 특별한 음식 체험일 수 있다. 대리 경험, 대리 만족의 효과도 크다. 그렇게 보겸TV에서 '보슐랭 가이드'를 시작하게 됐다.

5성급 호텔을 중심으로 촬영 허가를 받고 식비를 지불하면서 미슐랭 가이드 맛집을 순회했다. 2019년 6월까지 18편의 '보슐랭 가이드'를 방송했다. 객관적으로 고급 음식들이지만 최대한 시청자들이 경험해 봤음직한 것들(도미노피자의 피클, 어린이대공원의 솜사탕, 엄마가 해준 된장찌개)과 맛을 비교하며 설명했다. 실제 내 입맛에 그런 맛들과 크게 다르지 않았다. 어린 시청자들도 쉽게 공감할 수 있었다. 평균 조회 수가 200만 회에 달할 정도로 반응이 좋았다.

특별했던 보슐랭가이드라고 하면 역시 2018년 7월에 진행한 1천만 원 공중식당이지. '포트나이트'를 만든 에픽사에서 진행한 '유튜브 셀럽 파티'에 초청되었는데, 놀랍게도 무려 비행기 1등석을 탈 기회가 생겼다. 먹방의 좋은 소재가 됐다.

"1등석에 타면 먹는 거는 뭘 줄까?" 하는 호기심에 메뉴를 보다 "이거 다 주나요?" 하고 물어봤더니, 준단다. 마침 카메라가 있어서 촬영해도 될지 허가를 받았다. 그래서 한자리에서 1인용 식사를 6번 했다. 한 명이 다 먹을 수 없는 많은 양이었지만 먹는 양을 조절해 가며 촬영을 했다. 한 끼에 1천만 원짜리 먹방 촬영을 무사히 마치고 방송까지 할 수 있었다. 콘텐츠의 제목은 "1천만 원 공중식당 설명은 생략"으로 뽑았다. 조회 수가 214만을 기록했다.

(((•)))
카피와 창조, 한 끗 차이를 만들라

카피와 창조 그 한 끗 차이를 어떻게 만들까? 그 답을 제시하는 것이 크리에이터의 일이다.

세기의 명곡은 끊임없이 리메이크 된다. '빌보드에 올라간 한국 음원' 하면 BTS의 노래나 싸이의 '강남스타일'을 떠올리지만, 빌보드 싱글 핫 100 차트에 이름을 올린 한국 음원이 하나 더 있다. 바로 동요 '상어가족(원곡명 Baby Shark)'이다. "엄마 상어, 뚜루루뚜루~" 누구나 들으면 아는 노래. 이 곡은 유튜브에서도 '강남스타일'과 비슷한 21억 뷰를 기록했다. 그런데 이 곡은 사실 새로운 음원은 아니다. 퍼블릭 도메인인 북미의 구전동요를 리메이크한 곡이다. 그래서 우리나라 회사에서 편곡해 제작한 음원 외에도 전 세계에 수많은 리메이크 버전이 있다. 그런데 그 많은 버전 중에서 유독 우리나라의 상어가족만 빌보드에 오를 정도로 주목을 받았다. 실제 노래를 들어보면 '상어가족'에는 다른 곡들과 달리 묘한 중독성이 있다. 특유의 귀엽고 사랑스러운 율동도 덧붙였다. 나는 익숙한 것에 새로움을 더한 독창성이 상어가족의 인기를 만들었다고 생각한다.

일방적인 카피는 주작만큼 나쁘다. 카피는 적당히 주작은 진짜 적당히. 카피도 주작도 꼬리가 길면 밟힌다. 남들이 했던 방송 콘텐츠를 카피해서 내 채널에 올리는 것에도 한계가 있다. 쉽게 아이디어가 떠오르지 않는다면 익숙한 것에 10%의 새로움을 더한다는 생각으로 접근하자. 소재는 익숙한 것일수록 더 좋다. 가장 대중적인 것에 가장 많은 시청자가 몰린다. 요즘은 새로운 방송 장르가 없다. 예능, 다큐의 수많은 프로그램들이 한 번은 봤음직한 것들이다. 그런데도 거기서 재밌는 콘텐츠들이 나오는 데는 이유가 있다. 기존과 다른 어떤 것이 반드시 존재한다.

유튜버는 자신만의 고유한 것, 남과 다른 것에 눈을 떠야 한다. 그것으로 카피와 창조 그 한 끗 차이를 넘어서야 한다.

굳이 고민이라면,
잘하는 것보다 좋아하는 것이 낫다

(((•))) 시청자들을 따라가지 마라

처음 유튜브에 도전하는 사람들은 대세 콘텐츠로 시작하려고 한다. 게임, 시사, 요리, 먹방, 뷰티 어느 콘텐츠가 잘 나가는지 계속 모니터링을 한다. 잘하고 좋아하지 않아도 대세이기 때문에 따라가기도 하고.

그런데 좋아하지 않는 걸 하면 쉽게 지친다. 지치고 콘텐츠 질도 떨어지면 '한방의 유혹'에 쉽게 넘어간다. 설정, 인위적, 주작, 각본, 성공적! 가면 갈수록 주객이 전도된다. 그리고 딜레마에 빠진다. 대세 콘텐츠라서 따라는 가지만 이걸 언제까지 해야 할까 고민을 안 할 수 없다.

우선 시청자가 좋아하는 걸 따라가는 것은 맞다. 그러나 그게 다가 아니다. 자기가 끌리는 것을 해야 한다.

앞서도 여러 번 강조했던 이것이, 사실 시작하는 유튜버 그리고 이미 시작한 유튜버들에게 줄 수 있는 최대의 비밀이고 노하우다.

(((•)))
대한민국에서 게임을 제일 못하지만,
나는 게임을 좋아한다

나는 게임 방송만 7년을 넘게 했다. 내가 게임을 잘해서가 아니었다. 우리 가조쿠들이 알다시피 처음부터 대한민국에서 게임을 제일 못하는 수준이었다. 그런데 게임 콘텐츠로 아프리카TV에서 BJ대상을 받았다. 내가 게임을 무지막지하게 좋아하기 때문이었다.

내가 게임에 가장 목말랐을 때는 막 군대를 제대한 후였다. 사실 앞에서 초등학교 고학년 때 게임을 시작했다고 말했지만 주변에서 걱정할 수준은 아니었다. 그런데 복학을 했을 때는 좀 달랐다. 군대생활 25개월 동안 거의 게임을 못하다가 다시 컴퓨터를 켜니 완전 다른 세상이 펼쳐져 있었다. 던전앤파이터를 하는데 아이템이 정말 화려했다. 게임을 못하는 사용자도 아이템을 장만하면 화려한 퍼포먼스가 가능했다. 현질을 하며 내달렸다. 어머니가 주신 용돈 100만 원과 내가 아르바이트해서 모은 50만 원으로 '더피쾌'라는 아이템을 샀다. 갖고 있으면 힘이 말도 안 되게 쎄진다. 그런데 한 번 현질을 하고 보니, 두 번 세 번도 하고 싶어졌다. '영혼추적장치'라는 궁극의 목걸이도 갖고 싶고 '악마를 지명하는 검지'라고 반지도 필요했다. 아이템들을 모으자니 엄청난 돈이 필요했다. 물론 내게는 돈이 없었다. 그래서 아프리카TV 게임 방송 BJ로 대리헬에 입성하게 됐다. 시청자들이 주는 도전장을 받아다 대신 게임을 돌고 보상이 나오면 그걸 시청자들에게 나눠주는 식이었다.

게임 BJ를 시작할 때 나는 게임이 너무 하고 싶었다. 그리고 여러 사람과 이야기하는 것도 좋았다. 하루에 몇 시간씩 게임을 하면서도 힘들지 않았다. 억지로 하는 것이 아니기 때문에 지치지 않고 할 수 있었다. 한 번 지고 다음에 또 져도 방송을 그만두고 싶지는 않았다. 내가 좋아하니 문제가 되지 않았다.

지치지 않고 끝없이 달려 나갈 수 있는 힘

잘하고 좋아하는 것을 해야 한다. 그러나 굳이 둘 중에 하나를 골라야 한다면 잘하는 것보다는 좋아하는 것을 해야 한다.

좋아하는 것은 나 좋으면 그만이지만, 잘하는 것은 상대적이다. 누군가보다 잘해야 한다. 남들의 인정도 필요하다. 잘하는 것을 하게 되면 '돈'에서도 자유로울 수 없다. 남들이 인정하는 만큼 돈이 들어온다. 거기서 스트레스가 생긴다. 남들이 돈을 번다고 하니 '나도 한번 해볼까?' 하는 마음에 시작하면 정말 지치고 힘든 일이 유튜버다. 얼마 지나지 않아 남는 게 아무것도 없는 직업이 된다.

유튜버는 정말 즐거워서 하고 싶어서 해야 한다. 요즘은 재능러들이 정말 많다. 이미 많은 사람들이 도전했고 재능러들이 상위에 포진해 있다. 그러니 어지간해서는 슈퍼 루키가 나오기 힘든 시장이다. 그럼에도 정말 하고 싶고, 즐기면서 이 일을 할 수 있는 사람에게는 도전의 가치가 있다. 그들에게 유튜브는 레드오션이 아니다 확실한 블루오션이다. 정말 지치지 않고 끝없이 달려 나갈 수 있기 때문이다.

아이템은 가까운 데 있다,
머리 싸매지 마라

나도 그 만화 좋아하는데!

앞에서 잠깐 이야기했지만 〈원피스〉로 방송을 했던 적이 있다. 그 때까지 내가 잘한다고 생각했던 것은 게임 외에 '가게에서 옷을 파는 일' 정도였다. 하지만 방송에서 손님들한테 옷을 팔 수는 없잖아. 그런데 우연히 집에 놀러온 아는 형이 〈원피스〉 만화책을 보고 "나도 이 만화 좋아하는데!"라고 혼잣말을 했다. 그 형이나 나나 중학교 때부터 〈원피스〉를 보아 온 세대들이다. 그야말로 〈원피스〉 마니아. 생각해보니 국내에도 〈원피스〉 팬들이 상당히 많았다. 일단 아이템이라 생각을 하고 관련 자료들도 찾았다. 그리고 방송을 시작했다. 방송은 의외로 순항했다. 시청자가 1만 명이 넘게 들어왔다.

2만 명이 들어온 날도 있었다. 이야기를 하다 보니 인물, 스토리, 전력 등 할 이야기들이 무궁무진했다. 시청자와 어떤 캐릭터가 센지를 다투고, 악마의 열매에 순위를 매기면서 3~4달 동안 방송을 했다. 애니메이션 방송은 처음이었지만 시청자 반응도 좋았고 무엇보다 즐거웠다.

(((•)))
초등학생들과 이야기하고 싶어서

정신연령이 낮다는 이야기를 많이 듣기도 하지만, 나는 10대들과 이야기하는 걸 좋아한다. 코드가 아주 잘 맞는다.

요즘은 길거리에 나가면 중고등학생은 물론 초등생까지 걸어가면서 게임을 하는 것을 쉽게 볼 수 있다. 우연히 초등생의 스마트폰을 보니 클래시로얄이 떠 있었다. 10대들과 이야기를 하려면 클래시로얄을 해야 한다는 생각이 들었다. 바로 클래시로얄을 콘텐츠로 게임 방송을 시작했다.

게임을 진행하며 새삼 깨달은 것이 요즘 친구들은 우리 때와는 또 다르다는 것이다. 나는 10대가 돼서야 집에 PC가 생겼다. 스마트폰은 군대 다녀와서 처음 만져봤다. 그런데 요즘 친구들은 태어날 때부터 PC와 스마트폰이 있었고, 학교와 학원을 오가느라 바빠서 PC는 켤 시간도 없다. 그래서 생활의 대부분을 스마트폰과 함께

한다. 초등학생들과 이야기하고 싶어서 방송을 시작했는데, 방송을 해보면 초등학생들에게 배우는 것이 많다.

덧붙여 요즘 10대가 스마트폰 중독에 빠졌다고 말이 많은데, 내 생각에는 스마트폰과 24시간을 함께하는 시대에 태어났을 뿐이다. 스마트폰을 생활의 일부로 받아들이고 다양하게 사용한다. 비판만 할 문제는 아니라고 생각한다.

(((•)))
떠오르는 것이 없다면 써보라

콘텐츠를 기획하는데, 일상에서 건져 올릴 것이 없다면 종이에 써보는 것도 좋다. 태어나서 학창시절까지, 학창시절부터 사회에

나오기까지 자신이 무엇을 배웠고 무엇을 싫어했고 무엇을 좋아했
는지 차례로 써보자.

주변에는 분명히 수만 가지 아이템이 있다. 크리에이터는 그것들
을 확인하고 거기서 내게 맞는 옷을 찾아 입어야 한다. 내 옷은 내
주변에 있다. 머리 싸매고 아이템을 찾아 나서봐야 소용이 없다. 가
까운 데부터 뒤져야 한다. 내가 무엇을 했는가, 내가 무엇을 좋아하
는가. 거기서 시작하면 된다.

많은 사람들에게 노트 작성을 권해봤는데, 정말 노트에 써보는
사람은 몇 명 못 봤다. 다 머리로만 생각하려고 하지. 귀찮잖아. 근
데 그렇게 하면 아이디어가 발이나 손으로 안 가고 머리에 멈춰 있
을 수 밖에 없다. 실현시키려면 일단 써봐야 한다. 나도 몇 권의 노
트를 갈아치우며 여기까지 왔다. 일단 노트를 펴고 써보자. 써놓고
도 답이 안 나오면 뚫어지게 째려보자. 거기에 반드시 아이디어도,
방송 콘텐츠도 다 있다.

(((•)))

오징어, 자전거, 빼빼로, 포일? 아 실험!

'실험'이라고 하기엔 좀 그렇지만 그렇다고 딱히 실험 이외 다른 카테고리로 묶기 애매한 콘텐츠들이 있다. 오징어를 짜서 무엇이 나오는지 본다거나 자전거를 돌려서 선풍기를 작동시켜 본다거나 빼빼로에 물건을 걸어본다거나… 이상한 실험들이다. 이런 실험은 매우 즉흥적으로 진행된다.

집에 선물로 받은 마른 오징어가 굴러다닌다. 어? 오징어? 오징어, 오징어, 오징어. 어렸을 때 마른 오징어에는 물이 얼마나 있는지 궁금했다. 정말 바짝 말라 있는 건지. 답을 찾기 위해 30톤 유압프레스로 눌러 보았다. 그랬더니 정말 마른 오징어가 맞았다. 물은 안 나왔다. 오징어가 가진 기름이 약간 나왔다.

또 나는 자전거를 좋아한다. 가까운 곳은 자전거로 다닌다. 당연히 집에 자전거도 있다. 자전거라…. 자전거로 전기 만들기는 어디서 많이 본 아이템이다. 그런데 내가 직접 해본 적은 없었다. 얼마나 힘든지 경험을 해보고 싶다. 그래서 전기를 생산하는 자전거를 세팅하고 돌려 보았다. 선풍기를 넘어 드라이기까지는 확실히 돌아갔다.

또 사람들이 챙기는 다양한 이벤트들 있잖아. 거기서도 얼마든지 아이디어가 나올 수 있다. 마트에 가니 빼빼로데이라고 빼빼로가 산처럼 쌓여 있었다. 빼빼로? 뭐가 나올 수 있을까? 빼빼로를 보며 생각해 본다. 내구도 검사는 어떨까? 빼빼로 계열의 과자 열댓 종류를 사다가 얼마의 무게까지 견디는지 알아 봤다. 빼빼로 5개가 1kg까지 견디는 걸 확인했다.

재밌었던 실험 중에는 포일로 쇠공을 만드는 것도 있었다. 포일을 뭉친 뒤 쉴 새 없이 두드려서 마치 쇠공처럼 단단하게 만들었다. 죽는 줄 알았다. 그리고 광택제를 발라서 정말 맨들맨들하게 만들었다. 들어간 쿠킹 포일은 길이로 약 50m이다. 그런 짓을 왜 해? 그깟 쇠공이 뭐라고? 그런 이야기를 할 수도 있겠지만 실제로 490만 명 정도의 시청자가 보겸의 쇠공 만들기 영상을 보았다.

(((•)))
왕도는 없지만 '궁금증 해결'로 접근하라

보통 방송가에서는 아이템을 찾을 때 모래사장에서 바늘을 찾는 것과 같이 집요하게 접근한다고 한다. 인터넷을 떠돌고 신문에 박혀 있는 사연을 찾고 아는 사람에게 물어물어 발품도 판다. 유튜브는 사실 이 정도는 아니다. 유튜브에서는 《세상에 이런 일이》에 나올 법한 신기한 이야기에 목을 매기보다 해소되지 않은 궁금증을 해결해준다는 접근법이 낫다. 거기에 나만의 캐릭터가 있다면 금상첨화다.

실험에 국한되는 이야기가 아니다. 보슐랭가이드나 보겸식 뉴스 코너인 '9시 보스데스크', 택배를 받는 '착불택배 보팡맨', 책 리뷰도 가조쿠들에게 궁금증을 일으키고 그걸 해결하는 과정을 담고 있다. 일상적인 방송 카테고리인 뷰티, 먹방, 시사, 연예, 비평 등도 마찬가지다. 이미 알고 있는 것에서 해결되지 않은 의문점을 확인하고 이걸 해결하는 과정으로 접근할 수 있다.

새롭고 재미있는 구석이 있다면 시청자는 '구독'과 '좋아요'로 화답해줄 것이다.

▶ 105

첫 장비는
스마트폰과 캠코더면 충분하다

장비 욕심은 안 내도 된다

맨날 나오는 이야기다. 우리나라는 등산을 좋아하는 사람보다 등산복을 좋아하는 사람들이 더 많다. 산에 가면 정말 멋진 등산복 때문에 산세가 안 보인다. 등산복이 멋지다고 산을 잘 타는 것도 아닌데 말이다. 같은 맥락으로 장비가 좋다고 콘텐츠가 잘 만들어지는 것도 아니다. 초보라면 더욱 그렇다.

이제 막 유튜브를 시작했으면서 장비부터 물어보는 친구들이 더러 있다. 시작하기 전부터 장비 세팅에 목을 매는 친구들. 소니 알파 7 카메라, 캐논 마크가 찍힌 카메라는 번쩍번쩍하고 멋있어 보인다. 어디 가서 "나 유튜브 시작했어."라고 말하기도 좋다. 하지만 초보자라면 장비 욕심은 안 내도 된다. 나도 하면서 늘어난 것이지 처음 게임 방송을 할 때는 PC 한 대가 전부였다.

(((•)))
스마트폰과 캠코더 하나면 충분하다

7년 전 처음 방송을 시작할 때는 PC 한 대가 전부였다.

초보자에게 추천하는 장비는 스마트폰과 캠코더다. 스마트폰은 요즘 사용하는 정도라면 대부분 무난하다. 캠코더는 로지텍(로지텍 C922 프로 스트림 웹캠) 정도면 된다. 야외 촬영도 요즘은 스마트폰으로 다 할 수 있다. 화질도 좋다. 마이크도 잘 된다. 세워놓고 쓰면 된다. 처음부터 다 갖춰서 할 필요는 없다. 캠코더도 10만 원대 PC용 정도면 충분하다 못해 넘친다. 하고 싶은 거 다 할 수 있다. 좋아 보인다고 섣불리 고가의 장비를 사봐야 기능도 다 쓰지 못하고 있다가, 새로운 장비로 갈아타기 십상이야. 기능을 잘 알 수 있는 단순한 것이 가장 적당하다. 다만 장기간 촬영하기에는 캠코더가 조금 더 편하기에 추천할 뿐이다. 취향이 아니라면 스마트폰 하나로도 충분하다.

(((•)))
무료 프로그램을 사용하라

촬영 후 편집, 업로드도 무료 프로그램 잘 되어 있는 게 얼마나 많은데. 국내에서 많이 사용하는 프로그램으로는 키네마스터, 비바비디오, 아이무비 등이 있다. 키네마스터는 자막과 테마, 배경음악을 넣을 수 있다. 다만 무료 사용은 워터마크가 표시된다. 비바비디오는 사진만으로 동영상 편집이 가능하고 타이틀, 음악, 길이 조절, 컷 편집이 가능하다. 쉽게 유튜브 업로드도 가능하다. 아이무비는 아이폰 용으로 타이틀 입력과 배경음악을 넣을 수 있다. 물론 무료라서 사용할 수 있는 효과가 제한적이라는 한계가 있다. 이런 동영상 편집 소프트웨어는 포스트 프로덕션용으로도 쓰이지만, 일부는 짧은 비디오 클립 제작 기능도 제공한다. 사용자는 다양한 편집 소프트웨어를 사용하여 트리밍, 필터 적용, 마스킹 같은 작업도 수행할 수 있다.

이 밖에 라이트웍스, 히트필름 익스프레스, 샷컷, 블렌더, VSDC 비디오 에디터도 있다. 라이트웍스는 오래 전에 나와서 꾸준히 업그레이드된 동영상 편집기 중 하나로 풍부한 기능이 있다. 무료 오디오 및 비디오 콘텐츠에 대한 접근도 수월하다. 고급 기능이 포함된 유료 버전도 있다. 히트필름 익스프레스는 400가지가 넘는 특수효과가 인상적이다. 풀 2D 및 3D 합성도 가능하다. 유튜브 업로드 기능도 내장돼 있다. 샷컷은 오픈 소스, 크로스 플랫폼 동영상 편집이 무료다. 최대 4K 해상도를 지원하고 대용량 비디오 파일을 편집할 때 이점이 있다. 블렌더는 무료 오픈 소스 3D 생성 소프트웨어다. 잘라내기 및 마스킹에 적합한 비디오 편집 기능이 포함되어 있다. VSDC 비디오 에디터는 색 보정, 객체 변환, 필터 기능과 각종 효과가 가능하다. 페이스북, 트위터, 유튜브 등에 4K 및 HD를 손쉽게 내보낼 수 있다.

유튜버들이 사용하는 전문가용 편집 프로그램은 프리미어, 에프터이펙트가 대표적이다. 둘 다 월 이용료 3~4만 원 대로 쓸 수 있다. 초보자라면 프로그램 다루는 것이 어려울 수 있다. 하지만 외주로 준다고 해도 편집이 어떤 원리로 되고 어떤 효과가 있는지 정도

는 알아야 한다. 그래야 원하는 걸 주문하지. 처음에는 배워서 직접
해보는 것을 추천한다. 무료 프로그램으로 해보다가 한계에 다다랐
을 때 유료 프로그램을 사용하는 것도 괜찮다.

별 볼일 없는 채널에도
'구독'에는 이유가 있다

시청자에게 구독이란?

시청자는 구독을 누를 때 돈이 들지 않는다. 그래서 '좋아하면 구독하고 싫으면 구독 취소를 하는 거지.'라고 쉽게 생각할 수 있다. 하지만 이건 모르는 말씀이다. 한 번이라도 피식했거나, 자기에게 도움이 되거나, 호감이 가야 구독을 누른다. 그것도 유튜브가 어느 정도 성장 단계에 이를 때까지만이다. 이후에 찾아오는 시청자들은 더 혹독한 잣대를 들이댄다. 이때 시청자에게 구독이란 "내가 너를 인정하겠어."라는 의지의 표현이다. 아무리 유명하고 재미있어도 쉽게 구독을 누르지 않는다. "널 인정하지 않겠어."라는 마음으로 버티는 경우가 많다. 돌아이 짓을 많이 하는 유튜버에게는 더욱 그렇다. 자기가 구독을 누르기에 민망하고 쪽 팔리다고 생각하면 절대 구독을 누르지 않는다. '얘를 보긴 보지만, 보고 있는 나는 인정할 수 없다.'는 마음이 들면 영상을 볼지언정 구독은 누르지 않는다. 역으로 유튜버에게 구독자란 그만큼 값진 성과다. 세상에 나를 인정하는 사람들이 그만큼 있다는 것.

"내가 쟤보다는 나은 것 같은데…"

정말 이런 식으로 상담을 해오는 사람이 있다.

"내가 보기에 100만 유튜버 쟤보다는 내 영상이 훨씬 더 재밌는 것 같은데 왜 제 영상은 구독이 늘지 않을까요?"

정신 차리라고 한 마디만 해주고 싶다. 흔히 인간에게는 동전의 양면처럼 우월감과 열등감이 있다. 이런 상담은 우월감의 전형적인 사례다.

모든 인간은 자기가 우월한 줄 안다. 하지만 항상 뛰는 놈 위에 나는 놈이 있다. 그걸 받아들여야 한다. 자신의 우월감을 내려놓지 않으면 성장이란 없다. 우월감에 사로잡혀서 "그게 뭐, 포일로 쇠공 좀 만들어 봤어. 그게 뭐? 뭐가 재밌냐 이게?" 이런 태도로 490만 명이 본 동영상을 깎아내린다고 뭐가 달라져? 차라리 "뭐가 재미있었을까? 다른 사람들도 알루미늄 포일로 쇠공을 만들었던데, 왜 유독 이 영상만 조회 수가 높을까? 어떤 부분에서 차이가 났을까?" 연구를 해보는 것이 훨씬 낫다. 후발주자가 성공할 수 있는 가장 빠른 방법은 벤치마킹이다. 나보다 앞서 달리고 있는 사람에게서 배우지 못하면 누구에게서 배울 수 있겠어? 우월감은 유튜버의 눈을 가린다. 보고도 다른 유튜버의 장점을 알아챌 수 없게 한다.

앞서 달리고 있는 유튜버들에게는 반드시 앞서 나가는 이유가 있다. 그 이유를 알아야 성장할 수 있고 성공할 수 있다. 우월감을 내려놓고 앞서 가고 있는 이에게서 내가 빼먹을 것은 무엇인지 꼼꼼히 살펴보자. 그래야 내 능력치가 올라간다.

(((•)))

열등감은 나의 힘! 씹어 먹을 각오도 필요하다

"잘하는 유튜버들이 이렇게 많은데 저는 아무것도 아닌가 봐요."

이것은 앞 사례와는 정 반대. 열등감에 사로잡힌 전형적인 사례다. 이 경우도 오래 유튜버의 길을 가기는 힘들다.

내가 감명 깊게 읽은 책 중에 〈미움받을 용기〉라는 책이 있다. 이책의 내용을 한 줄로 요약하면 "열등감을 내려놔라."다.

유튜버에게 열등감은 또 하나의 독이다. 내가 하는 것이 재밌고 나름 잘하고 있다고 생각을 하다가도, 다른 크리에이터의 영상을 보고 나면 마음이 울적해진다. 열등감에 가득 차서 베끼는 방송을 하는 친구들도 있다. 베끼는 것이 반드시 나쁘다는 것이 아니다. 하지만 소화할 수 있는 것을 여유를 가지고 내 것으로 만들어야 한다. 그렇게 남의 콘텐츠를 베끼면서 이 콘텐츠 저 콘텐츠로 옮겨 다니다 보면 결국 내 것은 아무 것도 남지 않게 된다. 어느 날 남의 옷만 걸치고 있는 나를 발견하게 될 것이다.

열등감을 내려놓으라고는 하지 않겠다. 차라리 그 열등감을 가지고 앞으로 나아가라. 긴 호흡을 가지고 자신만의 색깔을 찾아야 한다. 열등감은 나의 힘이라는 생각으로 이를 악물고 뛰어넘기 위해 달려야 한다. 나를 주눅 들게 했던 그 유튜버를 씹어 먹을 때까지 앞만 보며 가는 것이다.

유튜버에게 성실함만큼
확실한 재능은 없다

<((•))> 아버지가 내게 물려준 재능, 예의와 자립심

성장기 때 나는 거의 스트레스를 받지 않았다. 그래서 남들보다 키가 더 큰 것도 같다.

성격이 밝은 탓도 있지만 부모님이 잔소리를 거의 하지 않았던 것도 컸다. "공부해라." 소리 한 번을 안 하셨다. 어머니는 사회복지사로 일하면서도 힘든 내색을 하지 않으셨다. 따뜻하고 부드러운 분이셨다. 늘 조용하게 말씀하셨고 화를 내는 일이 없었다. 아버지는 조금 반대였다. 당신 주장이 있었고 '아닌 것은 아닌 것'이라고 매사에 단호하셨다. 그런데도 공부에 관해서는 큰 소리를 안 내셨다. 게임을 할 때도 방문을 열어 보고 한숨을 쉴지언정 화를 내지는 않으셨다. 아예 공부에 대해서는 포기하셨는지도 모르겠다. 옛날 어른답게 항상 자신이 먼저 본이 되려고 노력하셨다.

아버지 이야기를 좀 보태자면, 아버지는 시골 면사무소 9급 공무원으로 시작해 4급 서기관으로 퇴직하셨다. 누구의 도움도 없이 그 자리까지 가셨다. 그리고 자식인 내게도 두 가지만 강조하셨다. 첫째 예의범절, 둘째 자립심. 아버지는 공부를 안 하고 성적이 안 좋은 아들에게는 화를 안 내셨지만 생활에서는 영 딴판이었다. 어른들이 계신데 인사를 안 한다거나 밥상머리에서 투정을 부리면 여지없이 손을 들어 올려 뒤통수를 후려치셨다. "어른들한테 인사 안 하냐!",

"어디 밥상머리에서 징징 소리를 내냐!" 특유의 충청도 사투리로 혼을 내셨다. 그리고 웬만한 것은 혼자 해결하게 두셨다. 어릴 때는 화양초등학교 병설유치원에 다녔는데 집에서 학교까지 9~10km 거리였다. 어른들 말로 20리 길을 가야 학교가 나왔다. 버스 통학이 필수였다. 아버지는 내가 버스를 놓쳐도 태워주지 않으셨다. 당신은 면사무소 가는 길에 차를 타고 갈지언정 아들내미는 두고 가셨다. 7~8살 때 학교 버스를 놓치면 논두렁을 내달렸다. 이미 그때 논길을 최단거리로 달려가는 법을 알았으니 머리가 영특했는지도 모르겠다. 그게 정 힘에 부칠 때는 지나가는 차를 얻어 타고 갔다. 차가 없으면 경운기라도 얻어 타고 갔다. 인심이 좋은 곳이라 누구나 유치원이나 초등학교에 가는 아이를 곧잘 태워주었다. 그렇게 지각도 피하고 결석도 피하면서 유치원은 물론 초등학교까지 마쳤다. 그리고 예의범절과 자립심은 내 삶의 기본이 됐다.

(((•)))
성실함은 덤, 결석은 절대 안 돼!

학교 다닐 때도 공부에 열을 내는 학생은 아니었다. 그래도 서천군 내에서는 가장 좋은 고등학교에 입학을 했지만 거기까지였다. 노느라 정신이 없었다.

그런데도 학교를 빼먹는 일은 없었다. 땡땡이도 치지 않았다. 학교는 가야 하는 곳이었다. 그래서 갔다. 그런데 그때부터 성실함이 나의 재능으로 자리를 잡은 것 같다.

BJ가 되고 누가 시킨 것도 아닌데 방송 시간은 칼같이 지켰다. 대충 10시에서 11시 사이에 컴퓨터를 켰는데 2012년부터 쉰 적이 거의 없다. 휴가란 것이 거의 없었다. 1년에 1~2번 쉬는 날을 손에 꼽았다. 가조쿠들한테 "천재지변으로 방송을 못했다."라고 말할 수 있을 만큼 특별한 일이 아니고서는 방송을 했다. 명절날에도 쉰 적이 없다.

(((•)))
9시 뉴스가 명절이라고 쉬는 것 봤냐?

"도대체 형은 언제 쉬어요?"

"야, 9시 뉴스가 명절이라고 쉬는 거 봤냐?"

농담 반 드립을 치지만 진짜 그렇게 생각했다.

아프리카TV에서 BJ를 할 때는 아픈 적이 거의 없었다. 그래서 안 쉬었다. 기본적으로 하루 10시간씩 방송하고 컨디션이 안 좋을 때는 6~10시간 사이를 오가며 방송을 했다. 그런데 그때는 그렇게 하는 사람이 태반이었다. 정글에 버려진 사자들처럼 살아남으려고 열심히 달렸다.

요즘도 눈 뜨면 영상 뭐 올릴까, 오늘은 뭘 할까를 먼저 생각한다.

'오늘 뭐부터 해야 하지?' 자기 전에도 생각해두고, 눈 뜨면 바로 일을 시작한다.

"보겸 님은 언제 일 시작하세요?"

"언제 눈 뜨냐고 물어보시는 건가요?"

흔히 자기계발서에 나올 법한 대화지만 사실이다. 허세일 수도 있고 거드름일 수도 있지만 성실함만큼은 진정성 있게 유지하고 있다.

무엇이든 시작할 때는 천천히 하는 것이 좋다. 조급하지 않게 자신의 길을 가는 마인드가 생명력을 늘여준다. 하지만 중간에 게을러지고 열정이 사라지면 안 된다. 유튜버들에게는 방송이 삶의 일부가 되는 것이 가장 좋다. 그게 되지 않는다면 최대한 성실하게 자신의 자리를 지켜야 한다.

(((•)))
재능러도 지치면 잊혀진다

성실함을 뛰어넘을 수 있는 게 있긴 있다. 소재와 타고난 재능, 대박 아이템에 묻어가는 것. 단기간에는 이런 것들이 찬란하게 빛나 보일 수 있다. 그러나 롱런을 위해서 성실함은 필수다. 소재가 고갈되고 아이템의 인기가 떨어지면 남는 건 재능뿐인데 성실하지 않은 재능러들은 금세 잊혀진다. 성실함 없이 좋은 퍼포먼스를 유지하는 크리에이터는 없다.

보겸TV의 경우 유튜브 영상 8,000개, 3만 시간을 쌓는 데 3년이 걸렸다. 2017년 여름까지 일이다. 그래도 구독자가 10만 단위에서 움직이지 않았다. 구독자가 쭉쭉 올라가던 도약기 이전에 나는 콘텐츠 부자에 머물러 있었다. 지금 사람들의 입에 오르내리는 유튜버들도 나와 같이 남들이 알아주지 않아도 열심히 했던 시기가 분명히 있었을 것이다. 그 시기를 견디게 해주는 것이 성실함이다.

한 달에 한 번도 안 쉬고 출근을 한 적도 많았는데 그중 며칠은 혼자서 가게를 지켜야 했다.

"너는 왜 끝까지 남아 있어?"

같이 일을 하던 친구들이 몇 번이나 물었다. 그때 내게는 옷 가게 사장이 되겠다는 꿈이 있었다. 힘들고 어려워도 배워야 할 게 많았고 내가 좋아서 가게에 붙어 있었다. 그래서 많이 배웠고 옷도 잘 팔 수 있게 됐다.

좋아하는 것과 성실함이 만나면 확실히 남는 게 있다. 아무리 강조해도 지나침이 없는 말이다.

어쨌든 노출만이 살길이다, 적당한 어그로도 필요하다

(((•)))
정치꾼의 막말에도 이유가 있다

"누가 좋아한다고 저런 말을 하지… 도대체 이해가 안 돼!"

정치인들의 막말이 화제가 된 적이 한두 번이 아니다. 트위터나 페이스북에 막말을 올리면 각종 언론에서 이 글을 퍼다가 기사를 쓴다. 그러면 정치인은 해당 글을 슬쩍 내리거나, "죄송하다.", "경솔했다.", "다시는 이런 일이 벌어지지 않게 하겠다." 등 사과를 한다. 그런데 얼마 후 또다시 사건을 터트린다.

나도 처음에는 도대체 왜 정치인들은 저렇게 이야기를 하나 궁금했다. 그런데 반복되는 패턴을 보니 이유를 알 수 있었다. 일단 극단적인 말을 좋아하는 사람들, 그게 우파든 좌파든 그 사람들의 결집을 노린다. 그리고 사람들의 입에서 오르내리는 것을 노린다.

우리나라에는 300명의 국회의원이 있다. 그런데 그중 일반인이 알만한 국회의원은 두 자릿수 밖에 안 된다. 나머지는 국회의원이라고 금배지를 내밀어도 알아줄 사람이 없는 이들이 대부분이다. 그러니 어떻게든 이름을 알리고 다음 총선에서 당선까지 노리려면 소위 말해 '어그로'를 끌어야 한다. 대한민국 정치인은 유튜버 다음으로 어그로를 좋아하는 어그로꾼이다.

덧붙이자면 '어그로'는 정체불명 국적불명의 급식체는 아니다. 폭력, 분쟁, 성가신 문제를 나타내는 영어 어그로^{aggro}에서 유래했다.

게임상에서는 온라인 롤플레잉게임MMORPG 내 시스템을 가리키는 말이기도 하다. 몬스터가 가장 위협을 주는 캐릭터를 우선적으로 공격하는 시스템을 어그로라고 부른다. 게임 용어가 인터넷으로 퍼지면서 인터넷상에서 사람들의 관심을 끌기 위한 목적으로 거슬리는 글이나 사진을 올리는 사람, 공공장소에서 주목을 받기 위해 튀는 행동을 하는 사람을 '어그로꾼'이라고 부르게 됐다.

(((•)))
유튜버에게도 어그로가 필요하다

1인 미디어를 정치인과 비교하면 많은 크리에이터들이 화를 낼수도 있지만, 유튜버에게도 어그로가 필요하다. 인터넷 방송이든, 유튜브든 수많은 경쟁자들이 있다. 각자 있는 대로 손을 흔들고 목청을 높여 "시청자들 여러분 저 좀 한 번 봐주세요!" 호객 행위를 한다. 그 와중에 내 콘텐츠에 눈길이라도 한 번 오게 하려면 어그로를 십분 활용해야 한다.

소위 착한 방송, 바른 방송을 지향한다면서 "수위를 지키겠다.", "적당한 걸로 승부를 보겠다."라고 하는 유튜버들도 있는데 절대로 승부가 나지 않는다. 자극적인 텐션의 콘텐츠들이 넘쳐나는 중에 어그로마저 없으면 시청자는 무슨 재미로 콘텐츠를 보러 오겠는가? 어그로라는 말이 불편하다면, '호기심 유발' 정도로 순화할 순 있겠다.

유튜버에게는 뒷감당을 할 수 있을 정도의 적절한 호기심 유발이 필요하다. 유튜버가 성공하기 위해서는 자기만이 뿜어낼 수 있는 엄청난 매력이 있어야 한다. 콘텐츠에 극도의 자극, 재미, 슬픔, 감동 같은 것이 있어야 한다. 그도 아니면 한국인이 좋아하는 정, 인간미라도 있어야 한다. 그런데 이 모든 것이 있어도 시청자가 클릭을 안 하면 보여줄 수가 없다. 시청자에게 영상에 이런 것이 담겨 있다고 힌트를 주어야 한다. 클릭을 할 수밖에 없도록 시청자들을 유혹해야 다음도 기약할 수 있다.

(((•)))
보고 따라 하기, 다양한 실전 어그로

실전에서 보겸TV가 활용하는 어그로 몇 가지를 소개해보겠다.

"이 영상은 절대로 보지 마세요." 지금은 뻔한 텍스트지만 한동안 인기를 끌었다. 리그오브레전드 게임 영상이었다. 내용이 살짝 자극적이었지만 제목만큼은 아니었다. 그런데 이 제목 하나로 하루 만에 130만 조회 수가 나왔다. 당시 평소 60~70만 조회 수가 나오는 것에 비하면 월등히 높은 수준이었다.

"저 멍청한 건가요? 이걸 23시간 만에 만들었습니다." 사실 이건 보겸TV니까 할 수 있는 제목이었다. 마인크래프트를 잘하는 게임 BJ였다면 별 흥미가 없었을 것이다. 하지만 워낙 게임을 못하고 마인크래프트도 잘 못하니까 호기심을 자극할 수 있었다. 썸네일에는 "23시간 만에 철 곡괭이."라고 적어 놓았다.

"배그 신규 기능: 부활." 제목만 보면 게임에서 부활했구나를 연상할 수 있다. 하지만 부활하는 사진을 연출해서 넣고 "여긴 어디지?" 하고

넣으니 약간 오락가락할 수준까지 된다. 실제 당시 마트 길바닥에 가서 누운 사진과 일어난 사진을 합성해서 보겸이 유령이 돼서 부활한 것처럼 사진을 꾸몄다. 절대 게임 느낌이 나지 않게 해서 어그로를 끌었다.

"유튜브 각을 뽑기 위해 덩어리째 먹어보았습니다." 내용은 먹방인 듯하지만 사실은 게임에서 물고기 먹방을 한 내용이었다. 그런데 실사 물고기를 합성해서 사용하니 실제 물고기 구이를 먹으러 간 것처럼 보였다. 제목과 내용이 맞지 않으니 댓글이 많이 달렸다. 바로 물고기는 게임 이미지로 수정했다.

"형 XX이랑 맞짱 뜨고 오는 길이다… 개빡쳤다." 역시나 제목과 달리 게임 대결을 한 내용이었다. 표현을 더 자극적으로 했는데 실제 유명 유튜버를 언급해서 길거리 싸움이라도 난 듯 연출했다. 댓글에는 "보겸 형 이럴 줄 알았네~"라는 글이 많았지만 시청자들이 알면서도 들어온 것은 일단 어그로에 성공했다는 말이다.

(((•)))
감당할 수 있는 수준에서 유혹하라!

유튜브 영상들은 아주 심오하거나 감동적인 경우는 드물다. 대부분 킬링 타임용으로 제작된 것이 많고 시청자들도 시간이 남을 때 잠깐잠깐 볼 재미거리들을 찾는다. 때문에 유튜브 시청자들은 순간의 도발 "어디 함 들어와 봐~" 하는 류의 어그로에 익숙하다. 시청자들도 유튜브에 낚시가 성행한다는 것을 안다. 대부분은 어그로를 귀엽게 봐주는 경우가 많다. 수위가 너무 올라가 시청자가 화를 낼 정도만 아니라면 괜찮다는 말이다.

팁을 보태자면 어그로는 제목과 썸네일이 하나처럼 움직여야 한다. 자극적인 제목을 뽑았다면 비슷한 썸네일을 쓰거나 아예 완전히 다른 이미지를 써서 한눈에 들어오도록 해야 한다. 한눈에 들어올 수 있는 길이의 텍스트 그리고 한 번에 이해되는 이미지로 승부를 해야 한다. 자신만의 아이디어를 가지고 독창성, 기발함으로 접근해야 한다. 퀄리티보다는 가독성에 포인트를 두어야 한다는 것도 명심하자.

멘탈 관리?
첫째는 정리 둘째는 감수
마지막은 초월이다

(((•)))
소심해서 상처 잘 받는 성격은 땡이다

솔직히 말해서 소심하고 남 말에 쉽게 상처받는 캐릭터는 유튜버 하기에 매우 힘들다. 인터넷 방송의 BJ는 더하다. 얼굴을 보지 않는 곳에서 글로 대화가 오고 가기 때문에 여러 가지 상처받을 요소들이 많다. 유튜브 댓글도 폐부를 찌르는 글들이 많다. 이런 글들에 일일이 연연하다가는 멘탈이 버텨내지를 못한다. 소심하고 마음이 약하다면 동영상만 올리고 댓글은 쳐다도 안 보는 게 좋다. 그런데 댓글을 안 보면 영상에 대한 반응을 확인하기 어렵다. 이래저래 여러 가지 제약이 많다. 나름의 멘탈관리법을 배우고 경험하면서 깨치는 수밖에 없다.

(((•)))
방송을 위해 마음 정리가 필요하다

처음 시작할 때나 지금이나 내가 가장 신경 쓰는 부분은 컨디션 관리였다.

나는 유튜버다. 가조쿠들에게 평소에 침울한 모습 보이면 안 된다. 일상적으로는 밝고 긍정적인 에너지를 보여주어야 하는 사람이다. 며칠은 어떨지 몰라도 그 이상으로 힘든 모습을 보일 수는 없다. 그것은 나를 보러 와준 가조쿠에 대한 예의가 아니다.

게다가 스트레스를 받으면 밝고 긍정적인 에너지를 뽑아내는 방송을 할 수도 없다. 컨디션은 꽝인데 밝고 긍정적인 에너지를 뽑아내는 척한다면 그건 연기다. 내 기준에서 그런 방송은 주작 방송과 다를 바가 없다.

물론 방송은 쉬운 일이 아니다. 일단 시청자들과 오고 가는 댓글이 과격해질 때가 있다. 그리고 BJ든 유튜버든 일을 하다 보면 스트레스 받는 일이 하루에 한두 개는 꼭 생긴다. 이런 일에 영향을 받고 휘둘리다 보면 좋은 방송을 하기가 어렵다. 좋은 방송을 위해서는 방송을 하는 사람의 컨디션이 무엇보다 중요하다.

일례로 나는 모르는 전화번호로 오는 전화는 잘 받지 않는다. 스트레스 주는 것들, 피곤하게 하는 것들, 감정을 소모하게 하는 것들이 생기지 않도록 한다. 어쩌다 피하지 못하고 이런 일들이 벌어지면 촬영을 하지 않는다. 몇 번의 시행착오를 통해 나쁜 감정을 감추면서 카메라 앞에 서 봐야 촬영이 제대로 되지 않는다는 알았기 때문이다.

(((•)))
항상 감사하라

방송을 통해 얼굴이 알려지면 슬슬 나를 알아보는 시청자들이 생긴다. 길거리나 음식점에서 알아봐 주는 이를 만나면 반갑고 신이 난다. 무엇보다 무척 고마운 마음이 크다. 이 감사한 마음을 어떻게 다 표현할 수 있을까?

유튜버는 사회적 개념의 공인은 아니지만, 얼굴이 알려졌으니 공인의 영역에 반쯤은 걸쳐진 사람들이다. 그래서 어느 정도는 감수할 부분이 있다. 그리고 그게 인기와 연결된 부분이라면 더욱 그렇다. 나는 사실 이걸 감내한다고 생각하지는 않는다. "사람들이 알아봐서 불편하다.", "사생활 존중도 안 해준다." 등 불평할 거면 사생활을 공개하면 안 된다. 사생활은 다 공개해 놓고 팬들이 찾아오는 것은 싫다고 징징거리는 건 중증의 '연예인병'이다. 특히 유튜브로 수익이 생기면 어그로를 끌었던 것에 대해서도 감수를 해야 한다. 자신이 그걸로 성장했고 그래서 인기가 생겼다면 당연한 것이다.

사람들이 날 알아봐주고 반가워해주는 것은 정말 감사한 일이다. 자기 시간을 쪼개 내 방송을 봐주고 날 좋아해준다는 것이 얼마나 놀라운 일인지. 반갑게 손을 흔들어주고 응원을 보내는 것에 늘 감사해야 한다.

(((•)))
마지막은 초월이다

나는 개인적인 일이나 방송으로 스트레스를 받으면 일단은 일을 쉬면서 머릿속을 정리한다. 작은 방에 잡동사니를 쓸어 넣는 것처럼 머릿속 방 하나에 스트레스 거리들을 일단 밀어 넣는다. 그렇게 감정을 정리해 나간다. 잠시 시간이 흐르면 괜찮아진다. 그러고 나면 자유자재로 감정을 컨트롤하며 방송을 할 수 있는 컨디션으로 돌아온다. 이런 식으로 감내하기에 성공하면 유튜버 멘탈 관리의 중간 단계까지는 온 것이다.

"너는 너무 알려진 상태고, 세상 사람들은 너를 좋아하는 사람과 싫어하는 사람으로 나뉠 것이다."

구독자가 100만 명을 넘어섰을 때 친한 선배가 해준 말이다. 생각해보면 7년 동안 어지간한 일을 다 겪어봤다. 요즘은 웬만한 일들은 다 초월해 버린다.

그래도 흔히 어그로가 됐든 욕이 됐든 가족을 건드는 것은 견디기가 쉽지 않다. 최근에 채팅창에 "보겸 엄마 ×××"뭐 라고 하는 글이 올라왔다.

"우리 엄마 지금 새벽 예배 가셨을 시간인데, 우리 엄마 걱정해줘서 고맙다."

가볍게 응수해주었다. 대화는 거기서 끝이 났다.

대단하지? 나도 내가 대견하다. 나의 천상계에 머무는 멘탈 내공은 한 순간에 쌓인 것이 아니다.

2017년에는 건드는 아이템마다 대박을 치고, 오버워치 게임단도 운영하고, 구독자 수도 100만 명을 넘으면서 고공행진을 이어갔다. 하지만 인기가 올라가니 갖가지 잡음도 함께 커졌다. 2018년을 넘어가면서 갖가지 이슈들이 터졌다. 기대했던 이벤트 및 광고들이 취소됐다. 인정할 부분은 인정하고 사과할 부분은 사과했다. 그런데도 악의적인 글들이 끊이지 않고 올라왔다.

그때 생각했다. 세상 사람들이 다 나를 좋아할 수는 없다. 10명 중에 9명이 나를 좋아해도 1명은 나를 싫어할 수 있다. 1명만 좋아해도 나는 성공한 거다.

이후 나의 멘탈은 초월의 단계로 들어갔다.

앞서 이야기했듯 유튜버는 공인 아닌 공인이다. 앞서서 미리 두려워할 필요는 없지만 각오는 하고 시작해야 한다. 어지간한 일에도 상처를 안 받는 성격이 가장 좋다. 그렇지 않다면 마인드 컨트롤을 잘 해야 한다. 정리-감수-초월 3가지 단계를 기억하라.

저작권을 모른다면
피 볼 각오를 해야 한다

(((•)))
형, 노란 딱지가 붙었어!

영상을 올리고 몇 시간도 지나지 않았을 때 매니저한테 전화가 왔다. 난데없이 동영상에 노란 딱지가 붙었다는 소식이었다. 유튜브에 들어가 확인을 했다. 틀림없이 노란 딱지가 붙어 있었다. 보통 유튜브에서는 '수익 창출 불가'를 나타내기 위해 노란 딱지를 붙인다. 그런데 수익 창출 불가에는 여러 가지 이유가 있다. 논란의 소지가 있는 문제 및 민감한 사건, 마약, 위험 품목 또는 물질, 유해하거나 위험한 행위, 폭력, 음란물, 증오성 콘텐츠… 아무리 생각해도 내 영상에 해당하는 것은 없었다. 일단 좀 더 알아보기로 했다.

계정에 로그인해 크리에이터 스튜디오로 들어가니 저작권 고지에 있어야 할 달러 엠블럼이 검은색 달러 마크에 빗금이 그어진 모양으로 바뀐 것을 확인할 수 있었다. 원래 초록색 동그란 바탕에 달러 표시가 정상이다. 보통은 문제가 생기면 알림이 온다는데 알림을 못 본 상태였던 것 같다. 문제의 영상을 눌러보니 "이 동영상에 오디오 소유권 주장이 1개 제기되었습니다." 하는 안내 문구가 떠 있었다. "아래 도구를 사용하여 동영상의 음악을 삭제하거나 교체할 수 있습니다. 음악을 삭제하거나 교체하면 다음과 같은 제한이 사라질 수 있습니다." 친절한 문구가 전혀 친절하게 느껴지지 않았다.

영상을 자세히 보니 배경으로 쓴 음악이 문제였다. 일단 수익 창출은 안 되지만 영상을 보는 데는 문제가 없어 그냥 두기로 했다.

(((•))) 노란 딱지 대란을 아시나요?

2018년 6월 유튜브 내에서 '노란 딱지 대란'이라는 사건이 있었다. 유튜브가 채널 수익 발생에 대해 저작권을 빡빡하게 적용하면서 기존 영상에 갑자기 노란 딱지가 수두룩하게 붙은 사건이었다. 이후로 유튜브의 저작권 관리에 대한 유튜버들의 경각심이 한층 올라가게 됐다. 일부에서는 동영상을 바로 올리지 말고 4~5일 정도 비공개나 미등록으로 올려놓고 유튜브 봇(영상에 이상한 것들이 있는지를 판단하는 인공지능 시스템)이 판단을 마친 후에 업로드하는 방법을 추천하기도 했다. 하지만 유튜브 알고리즘이 계속 업그레이드되면서 과거 영상에도 노란 딱지가 붙는 경우도 있다. 노란 딱지가 붙으면 동영상 관리자에서 내용을 확인하는 것이 일반적인 수순이다.

유튜브는 저작권에 관련해 두 가지 시스템을 갖추고 있다. '저작권 침해 신고'와 '콘텐츠 검증 프로그램'이다. 저작권 침해 신고는 콘텐츠 소유자가 자신의 콘텐츠를 불법적으로 사용한 것을 신고하여 중단 요청을 하는 것이다. 콘텐츠 검증 프로그램은 저작권자가 소유한 콘텐츠(음악, 영상)를 미리 유튜브 콘텐츠 데이터베이스에 등록시키고 이를 사용한 사용자에게 고지하는 식이다.

유튜버가 저작권이 있는 음원을 유튜브에 올리면 유튜브의 콘텐츠 ID 시스템으로 알려진 유튜브 봇이 음원의 저작권 여부를 판단한다. 저작권이 있는 음악에 해당하면, 업로드한 화면 우측에 '저작권 침해 신고'가 있음을 고지한다. 유튜버는 이를 저작권 코너에 들어가서 확인할 수 있다. 유튜버가 저작권 침해를 인정하고 아무런 조치를 취하지 않으면, 음원의 원저작권자가 광고 수익의 전부를 가져간다.

(((•)))
유튜브의 검증 시스템을 이해하자

주로 저작권에 문제가 되는 콘텐츠는 서체(폰트), 사진과 동영상, 음악이다. 기본적으로 유튜브 채널에 구독자가 1,000명 이상이 되고 1년 누적 동영상 시청 시간이 4,000시간이 넘어야 유튜버에게 수익이 발생한다. 때문에 기본 요건을 충족하지 못할 때는 저작권에 문제가 있어도 별생각이 없는 경우가 많다. 하지만 유튜브 채널을 키워서 전문 유튜버로 활동할 욕심이 있다면 저작권 부분은 꼭 알고 넘어가야 한다. 기초 지식을 공부하고 콘텐츠에 적용하는 것이 깔끔하다.

서체의 경우는 네이버에 무료 서체만 쳐도 수십 가지가 나온다. 원하는 느낌대로 골라서 이용할 수 있는 정도다. 단, 무료로 제시돼 있더라도 조건부 무료인 경우도 있기 때문에 꼼꼼히 따져보아야 한다. 나중에 상업적 용도로 사용할 시에는 사용료를 내야 한다며 벌금을 부과하는 경우도 있다.

영상물의 경우 국내에서는 일반인이 아닌 연예인, 건물, 공공기관의 사진은 저작권 눈치를 보지 않고 사용하는 분위기다. 흔히 '짤'로 알려진 방송물이나 영화의 클립도 크게 저작권에 걸리지 않고. 그래도 확실히 주의가 필요하다.

마지막으로 음악인데, 사실 저작권 부분에서 가장 많이 걸리는

것이 음악이다. 우리가 흔히 알고 부르는 '애국가'나 '학교종이땡땡
땡' 같은 곡은 저작권에서 자유롭다고 알려져 있지만 이것은 저작
권이 없어서가 아니라 저작권자가 등록을 하고 수익 창출을 하지
않았기 때문이다. 너무 흔해서 저작권이 없을 거라고 생각하는 음
악도 한국음악저작권협회에 확인을 하고 사용하는 것이 안전하다.
음원 저작권 문제는 배경음악 때문에 발생하는 경우가 많은데 동영
상에 음악이 들어가는 경우는 여러 가지다. 길에서 직접 촬영한 영
상에도 음악이 들어가 있을 수 있다. 음악이 나오는 카페 앞에서 촬
영을 했을 뿐인데 저작권 위배에 걸려 수익을 몽땅 음악 저작권자
에게 보내야 하는 경우도 있다. 저작권 검수가 굉장히 빡빡하게 운
영된다는 것을 알고 먼저 주의를 해야 한다. 음원 문제를 해결하는
가장 쉬운 방법은 유튜브 무료 음악 사이트를 이용하는 것이다. 오
디오 라이브러리에 들어가면 무료 음악과 음향 효과도 다운로드받
아 사용할 수 있다.

(((•)))
공유 저작물을 활용하자

유튜버들이 마음대로 쓸 수 있는 것으로 '공유 저작물'이란 것이
있다. 일반적인 저작물은 저작권에 보호를 받고 사용하면 법적으로
도 처벌을 받지만 공유 저작물은 저작권에서 자유롭기 때문에 유튜

브와 같은 채널의 콘텐츠 제작에 큰 도움이 된다.

공유 저작물에는 저작권 보호 기간이 만료된 만료 저작물, 저작
권자가 다른 사람들이 자유롭게 사용하도록 국가에 기증한 기증
저작물, 저작권자가 정한 조건에 사용하는 자유 이용 허락 표시 저
작물 등이 있다. 정부나 공공기관에서 저작권을 가지고 있어 조건
에 따라 사용 가능한 공공 저작물도 있다. 공유 저작물을 찾아보고
싶다면 공유마당gongo.copyright.or.kr, 공공누리www.kogl.or.kr, 유로피아나www.
europeana.eu 등에 접속해보면 된다.

(((•)))
수익이냐, 콘텐츠의 질이냐 갈등이 될 때는?

나도 얼마 전에 알게 됐는데 우리나라는 전 세계에서 '저작권 고
소가 가장 많은 나라'에 속한다고 한다. 2016년에 3만 6,000여 건
의 저작권 고소가 있었다. 그나마도 10년 전에 비해 40% 수치로
떨어진 수준이 이 정도라고 하니 저작권 침해 사례가 많기는 많은
모양이다. 참고로 일본 유튜브의 경우 우리보다 훨씬 저작권 관리
감독이 심해서 흔히 이야기하는 짤과 같은 영상도 거의 사용하지
못한다. 그야말로 진검승부다.

나는 저작권 침해가 걸려 생각지 못하게 원저작가에게 수익이 돌
아가게 되었다고 해도, 그대로 두는 편이다. 콘텐츠의 질을 올리기

위해 배경음악을 넣었는데 저작권 수익 문제로 배경음악을 바꾸기는 왠지 자존심이 상한다. 다만 무료 음원에서도 같은 분위기를 낼 수 있고 두 곡의 분위기 차이가 사소한 수준이라면 교체할 때도 있다. 보통 영상 수정을 눌러서 오디오 추가 또는 교체를 하거나 영상을 재업로드하면 저작권 문제를 해결할 수 있다. 수정이 완료되면 저작권 고지 부분이 원래의 초록색 달러 표시의 엠블럼으로 돌아온다.

문제는 수익이냐, 콘텐츠의 질이냐 갈등이 될 때다. 바꾸자니 음

원이 주는 임팩트가 크고 안 바꾸자니 손해가 클 때 나는 과감하게 수익을 포기한다. 지금까지 이렇게 음원으로 인해 수익 창출이 안 된 사례를 계산해 보면 1억 원은 되리라 생각한다. 5분 영상에 평균 조회 수가 150만 회(기분탓인지는 모르겠지만 노란 딱지가 붙은 영상은 대체적으로 조회수가 높다.)니까, 저작권 문제로 노란 딱지가 붙은 영상이 그만큼 많다는 이야기이다. 그래도 이 정도는 양반이라고 스스

로를 위로한다.

　수익이냐, 콘텐츠냐 고민이 될 때는 영상의 이해도를 고려하기 바란다. 영상의 흐름을 주도하고 영상이 어떤 상황인지 설명하는 꼭 필요한 음원을 뺄 수는 없다. 이때는 과감하게 수익을 포기해야 한다. 덧붙여, 저작권에 문제가 있어도 영상이 퍼지는 데는 아무런 문제가 없다. 유튜브 입장에서도 누가 수익을 가져가든 광고가 붙어서 수익이 발생하는 영상을 막을 이유가 없다. 그러니 깔끔하게 포기하라.

보겸족설 2

"BJ가 나을까요? 유튜버가 나을까요?"

"BJ가 나을까요? 유튜버가 나을까요?"

"BJ가 되고 싶으세요? 유튜버가 되고 싶으세요?"

"그게… 잘…"

"둘의 차이를 모르신다면 먼저 방송부터 보셔야겠습니다. 참고로 BJ 는 강한 멘탈이 필수입니다."

현재 활동하는 최상위의 유튜버 중 많은 사람이 BJ 출신이다. 인터넷 방송물을 유튜브에 올려서 유튜버로서의 입지를 다지기도 했다. 덕분 에 아프리카TV나 트위치를 '유튜버 사관학교'쯤으로 생각하는 이들도 더러 있다. 아주 틀린 이야기는 아니다. 인터넷 방송을 하면서 성실함을 검증받고 멘탈이 단련되고 아이템 찾는 능력도 출중해진 BJ들이 유튜 브에서도 성공하는 것은 당연한 일일 수도 있다. 하지만 요즘 같은 시대 에 유튜버로 성공하기 위해 BJ라는 우회로를 거치는 것을 나는 추천하 지 않는다. BJ가 되고 싶다면 온라인 생방송을, 유튜버가 되겠다면 유튜 브를 시작하라.

생방송은 긴장해야 하는 부분이 많다. 자칫하면 실수해서 넘어질 수가 있다. 생방송 특성상 바로잡을 수 있는 기회가 많지 않다. 생방송으로 성공할 확률은 높지 않다. 〈원피스〉의 밀짚모자 루피급 패왕색 패기 정도는 돼야 성공할 수 있다. 그리고 생방송은 솔직히 파급력이 적다. 나를 보러 오는 시청자는 물론 감사하고 소중하지만 거기에 안주하면 넓은 세계로 나오기 어렵다.

그에 비해 유튜브는 먹이사슬의 최상위 포식자다. 페이스북이나 인스타그램에 퍼 나르기도 수월해서 다양한 채널로 확장도 가능하다. 재밌는 영상은 카톡으로 링크를 공유하기도 한다. 기획부터 촬영, 편집, 업로드와 채널 관리 모두를 해야 해서 시간도 오래 걸리고 힘들지만 보람도 많다. 사이즈가 커지면 커질수록 영향력도 커진다. 물론 그에 따르는 책임감도 키워야 한다.

수익 면에서는 호불호가 갈릴 수 있다. 인터넷 방송은 첫날이나 다음 날부터 별풍선에 의한 수익이 발생할 수 있다. 누적 조회 수, 구독자 수에 구애받지 않는다. 시청자 한 명이 상당히 많은 별풍선을 쏴줄 수도 있다. 기본적으로 멘탈이 강하고 직접 소통을 좋아한다면 온라인 생방송의 BJ가 잘 맞을 수 있다. 개인적으로 추천하는 방법은 수익에 연연하지 않고 자신이 좋아하는 콘텐츠를 만들어내는 것이다. 천천히 성실하게 콘텐츠를 누적시켜 나가면서 구독자를 늘려가는 것을 권한다.

Chapter
03

가즈아! 오늘부터 100만 유튜버 : 성공하는 유튜버를 위한 실전편

기획 포인트:
'자연스러움과 공감대'에서 시작하라

(((•)))
성공하는 콘텐츠의 탑 시크릿, '공감대'

공감대는 콘텐츠 기획의 핵심이다. 모두가 알고 있는, 성공하는 콘텐츠가 가진 비밀이다.

우리나라에서 사람들이 가장 많이 깨고 싶어 하는 것이 학연 지연이다. 하지만 모두 깨자고 말하면서도 잘 안 되는 것이 현실이다. 왜? 학연 지연 속에 숨어 있는 '공감대' 때문이다. 내가 저 사람과 같은 고향, 같은 학교에서 함께했다고 생각하는 것만으로 그 사람에게 마음이 열리고 그 사람이 좋게 보인다. 물론 학연 지연만 중시하는 것은 좋지 않은 것이지만 공감대의 힘이 얼마나 대단한지는 알아야 한다.

시청자와의 대화인 영상에서도 공감대가 중요하다.

2014년 던파에서 롤로 넘어갈 때 가장 많이 고려한 것이 '게임 유저 수'였다고 이미 이야기했다. 유저 수가 많다는 것은 그만큼 그 게임을 좋아하는 사람이 많다는 이야기다. 공감대를 형성할 수 있는 잠재 시청자가 그만큼 많다는 이야기이기도 하다. 실제 롤은 국민 게임이었고 남자라면 누구나 하는 게임이었다. 이를 좀 더 고급스럽게 표현할 수도 있다. "던전앤파이터의 확장력이 10이라면 리그오브레전드는 1만 정도."라고 나는 생각했다.

방송용 콘텐츠에는 품을 수 있는 시청자가 어느 정도 정해져 있다. 던전앤파이터로 5,000만 국민을 시청자로 만들겠다고 하는 건 말이 안 된다. 주요 마니아층만이 잠재 시청자다. 대략 정리해보면 던전앤파이터는 10만, 메이플스토리는 20~30만, 리그오브레전드는 30~40만, 베틀그라운드는 많으면 100만 명 정도다. 여성들이 좋아하는 뷰티 아이템은 150~200만 명 정도까지 잠재 시청자가 있다. 공감대가 많은 콘텐츠가 성공할 확률도 높다. 하하. 물론 확률 일뿐이다. 결국엔 좋아하는 것을 해야 한다.

(((•)))
가조쿠가 나고, 내가 가조쿠다

보겸TV의 가조쿠들은 보겸에 관해 많이 안다. 서천에 있는 나의 고향집, 다니고 있는 대학 심지어 사는 아파트도 안다. 내가 방송에서 굳이 감추지 않았기 때문이다. 나는 보여주고자 했다. 일상과 방송의 경계를 허물었다.

"보겸 씨 덕분에 요즘 웃고 살아요."

많이 듣는 인사다. 보겸TV의 가조쿠들은 사생처럼 다가오지 않는다. 슬쩍 음료수 하나를 주고 가거나, 간단히 와서 인사를 하거나, 악수를 청하고 응원의 메시지를 던지고 간다. 호들갑스럽지 않게 자연스럽게 대해준다.

나는 이런 자연스러움이 공감대에서 왔다고 생각한다. 나와 가조쿠는 다르지 않다. 가조쿠들은 나를 동생이나 형처럼 생각한다. 같은 게임을 하고 같은 걸그룹을 좋아하고 같은 영상에서 빵 터진다.

아마 다들 알 거야. '14보겸'. 내 BJ 인생사에서 유명한 일대 사건. 14쓰레쉬 사건이라고도 한다. 혹시 모를 수도 있으니 쉽게 설명해볼게, 흠흠. 당시 게임은 5대 5 팀으로 나눠서 하는 거였고, 우리 팀에는 쓰레쉬라는 캐릭터가 있었다. 게임이 시작됐고 한참 하고 있는데 뭔가 이상했다. 분명 5대 5 게임인데 4대 6의 게임이 됐다. 쓰레쉬라는 캐릭터가 상대팀을 도와서 전력을 쏟아 붓고 있었다. 보통 20분 정도? 길어도 30분이면 끝날 게임이 50분까지 늘어졌다. 그리고 우리 팀이 졌다. 나는 너무 분하고 억울했다. 상대팀은 게임에서 딴 아이템들을 던지는데 나는 키보드를 던지고 정말 흥분을 해서 머리가 돌 지경이었다. 분풀이를 다 못하고 방송을 마치고 그대로 누웠다. 그렇게 한잠 자고 일어나서 컴퓨터를 켰는데 난리가 났다. 시청자들이 정말 구름떼처럼 몰려와 있었다.

생각해보면 그때 시청자들이 내 편을 들어주고 나를 응원해준 것도 '게임 못하고 억울한' 자들의 공감대가 있었기 때문이었다. 시청자들은 단순하고, 막 지르고, 게임도 못하는 내게 감정이입을 많이 했다. "우리 형", "우리 보겸이"라고 많이 불렀다. 가조쿠들과 동고동락하고 있다는 느낌을 정말 많이 받았다. 어느 순간 가조쿠가 나고, 내가 가조쿠가 돼 있었다.

어쨌든 우리 팀한테 배신당해 게임도 지고 인생사 허망하다고 생각하게 했던 14보겸 사건은 결과적으로 가조쿠들의 위로로 기분 좋게 마무리됐다. 이후로 리그오브레전드 게임 방송도 승승장구했다. 동시 시청자가 4~5만 명까지 늘었고 그해 나는 아프리카TV 탑 20을 수상했다.

(((•)))
전화번호 없는 사람 있어? 택배 안 보낸 사람 있어?

콘텐츠를 기획할 때는 시청자들이 쉽게 공감할 수 있는, 나도 잘 표현할 수 있는 아이템이 단연 1순위이다. 그래서 되도록 생활 속에서 아이템을 찾으려고 한다. 별것 아닌 것이라도 말이다.

방송을 할 때 가조쿠들에게 문자나 카톡을 많이 받았다. 처음에는 알음알음으로 연락처를 알아서 문자나 카톡을 보내오는 경우가 많았다. 그런데 점차 그 빈도가 높아졌다. 나도 공개적으로 걸그룹을 좋아한다며 팬심을 과시하는 시청자이기 때문에 연락을 해오는 가조쿠들의 마음을 누구보다 잘 안다. 그래서 그냥 '이게 뭐 대수라고…' 하는 마음으로 번호를 공개하고 메시지를 받기 시작했다. 생방송 중에 도미노처럼 끊이지 않고 메시지가 들어왔다. 카톡도 밑에서 위로 계속 치고 올라왔다. 이 사건으로 시청자들과 재미나게 이야기를 나눴다.

　한 번은 스마트폰을 꺼두었다가 한꺼번에 메시지를 확인하는 것
도 재미나겠다는 생각을 했다. 그래서 스마트폰을 꺼두고 며칠을
지내 보았다. 시청자들과 며칠이 지난 메시지와 카톡을 확인하는
방송도 해보았다. 아주 대단할 것은 없지만 신기하고 낯선 경험이
었다. 누적 조회 수가 595만 회를 넘기며 초대박을 쳤다.

총알 배송이니 샛별 배송이니 대한민국은 택배 천국이다. 누구나 보내고 받는 일에 익숙하다. 택배를 받을 때는 '안에 뭐가 들었을까?'를 상상한다. 자신이 주문을 하고 무엇을 시켰는지 알 때도 '제대로 왔을까?' 설레면서 택배를 연다. 이 경험을 방송에서 활용해 보기로 했다. 착불 택배로 물건을 받고 가조쿠들이 보낸 물건을 함께 확인하는 것이다. 이것은 요즘 유행하는 언박싱(박스를 열어서 안의 내용물을 소개하는 콘텐츠)과는 다르다. 시청자뿐만 아니라 나도 안의 내용물에 대해 일절 아는 바가 없다. 상자 하나를 열 때마다 두근두근한다. 때론 헛웃음이 절로 나온다. 시청자들이 피가 되고 살이 되는 물건만 보내는 것이 아니다. 착불이기 때문에 쓰레기도 있고 의미 없는 잡동사니도 있고 그야말로 '공기'만 있는 경우도 있다. 그래도 그게 뭐라고 열어보는 재미가 대단하다.

(((•)))
아이디어는 짜는 게 아니야, 떠오르는 거야

유튜브를 시작하는 분들 그리고 시작해서 막 달리기 시작한 분들은 아이디어를 어떻게 찾는지가 제일 궁금할 것이다. 사실 세상 모든 일이 기획력 싸움이고 아이디어 싸움인데 3분에서 5분 영상 안에 재미도 있고 뭔가도 던져 줄 수 있는 콘텐츠를 찾는 일이 쉬운 일은 아니다. 그러나 큰 길은 정해져 있다.

나도 아침에 눈을 뜨면 '오늘은 뭐 하지?' 생각을 한다. 그렇다고 막 스트레스받아 가며 일부러 고민을 하거나 그러지는 않는다. 일상의 것들을 캐치하려고 노력한다. 일단은 아이디어가 떠오르기를 기다려 본다. 경험상 짜낸다고 나오지 않는다. 영감은 짜내서 만드는 것이 아니라 그냥 얻는 것이다. 사람들이 좋아하는 것, 요즘 많이 듣는 말들, 많이 보는 것들을 기준으로 내게 공감이 많이 되는 것들을 고르고 자연스럽게 내 옷으로 걸쳐 입는다. 이 느낌으로 콘텐츠를 찾아간다. 누구나 쉽게 공감할 수 있는, 자연스러운 나만의 콘텐츠가 거기서 시작된다.

기획 포인트2:
나만의 안테나를 세우고
당기는 신상을 골라서 입는다

(((•)))
항상 안테나를 켜놓으라

예전에는 라디오에도 TV에도 핸드폰에도 안테나가 있었다. 신호가 눈에 보이지는 않아도 신호가 어디로 들어가는지는 알기 때문에 '전파'라는 것이 존재한다는 것을 믿게 됐다. 그런데 요즘은 어디를 봐도 안테나가 없다. 그래서 모든 것이 하늘에서 뚝 떨어지는 줄 안다. 그게 문제다.

유튜버라면 영감을 얻기 위해 항상 안테나를 켜 놓아야 한다. 나도 스마트폰 마니아이다. 네이버, 구글, 유튜버 안 가보는 데가 없다. 하루에도 몇 번씩 들어가서 새로운 것들을 찾는다. 전체 내용을 알 수 없을 때도 키워드 정도는 필기를 해둔다.

기상에도 키워드가 있다. 봄에는 미세먼지, 황사, 봄비 여름에는 장마, 소나기, 우박, 찜통더위 가을에는 태풍, 단풍, 일교차, 수능 한파 겨울에는 스모그, 눈발, 건조 특보 등 딱 떠오르는 것들이 있다. 이런 키워드를 중심으로 감을 키워 본다. 여러 채널이 있지만 요즘 가장 빠른 곳은 유튜브다. 나도 가장 많이 보기도 하고.

눈이 밝고 귀가 열려 있는 사람들이 콘텐츠에 대한 감도 좋다. 나는 영화도 좋아하고, 책은 싫어하지 않는다. 진짜로. 영화는 한국영화 위주로 새로 나온 것들은 거의 본다. 시간이 많지 않아서 대부분 심야 영화를 보러 가는데 그나마 가까운 곳에 영화관이 있어서 자주 갈 수 있다. 우리 집은 서점도 가까이 있다. 추천받은 책들은 읽어보려고 구입을 한다. 목차를 펼쳐 놓고 관련된 것만 뽑아서 읽을 때도 있지만 되도록 대중들이 좋아하는 것들을 함께해보려고 한다.

　이런 활동을 유튜버만 하는 것은 아니다. 일반인들도 자신이 좋아하는 것을 알고 그에 관련된 활동들을 한다. 패션, 헤어스타일, 화장품, 요리, 맛집, 가사, 육아, 건강, 운동… 한두 가지 꽂혀 있는 것들이 있다. 그리고 관련된 정보를 수집한다. 포탈의 섹션이나 블로그나 카페와 같은 커뮤니티, 오프라인 모임 등 관심사를 공유하는 곳도 많다. 이런 곳에서 소통하며 이야기를 나눈다. 일반인도 이 정도를 하는데 유튜버라면 좀 더 깊고 넓게 파야 한다. 대중이 생각하고 관심 있어 하는 분야를 놓치지 않으려면 '노력하는 척'이라도 해야 한다.

　소셜 블래이드^{https://socialblade.com}는 유튜브와 트위치 등 1인 미디어 시장의 성장세를 확인할 수 있는 사이트이다. 토탈 어카운트, 유튜브 크리에이터, 트위치 스트리머 등 전 세계 1인 미디어 숫자가 나온다. 내 채널의 순위도 확인할 수 있다. 내가 어느 정도 기획력을 가지고 있는지 눈으로 확인해 보라.

(((•)))
누구에게나 정보원은 있다

가끔 운이 좋으면 아이디어를 던져주는 사람들을 만나기도 한다. 통화할 때마다 이야기를 해주는 부모님, 채팅창과 댓글에서 만나는 가조쿠들, 함께 일하는 매니저, 친한 형동생들, 아프리카TV, 구글 코리아와 협력사 직원분들이 생각나는 아이템들을 던져 준다. 이런 일상에서 아이디어를 얻는다.

이들에게 항상 들을 자세가 돼 있다고 어필하는 것이 중요하다.

"학교폭력 간접 체험 앱이 떴는데 한번 해보세요, 괜찮을 것 같아요."

소속 MCN인 다이아TV의 담당자가 카톡을 보내왔다.

참! 나는 2017년 4월 우리나라에서 가장 큰 그리고 가장 실력 있는 그리고 1등을 알아보는 MCN인 CJ E&M의 다이아TV와 계약을 했다. 여러 곳에서 연락이 왔지만 나와 가장 잘 맞을 것 같고, 나를 잘 챙겨줄 것 같고, 신뢰가 가고 그리고 무엇보다 '계약금을 많이 주는 곳'이어서 계약을 했다. 다이아TV에서는 유튜브 수익을 정산해주고 광고와 관련된 많은 일들을 처리해준다. 그리고 가끔 이렇게 아이템이 될 만한 것들을 던져주기도 한다. 물론 하고 안 하고를 결정하는 것은 나지만 정보원들의 이야기를 참고해도 나쁘지 않다.

당연한 이야기지만 내 방송에서 최고의 정보원은 나다. 보고 듣고 필기하며 정보를 쌓아놔야 한다. 2017년 유튜브 채널을 전면 개

편할 때는 빡시게 정보원을 굴렸다. 아침에 눈 떠서 잠들 때까지 유튜브를 봤다. 노트 3~4권을 순식간에 썼다. 날짜 별로 봤던 영상, 유튜버의 스타일, 영상물의 시간과 내용, 효과까지 다 적어서 보관하고 있다. 그렇게 노트 3~4권을 쓰고 나니 개별 유튜버가 가진 특징과 스타일을 쉽게 구분할 수 있었다.

요즘은 외국 정보원도 활용한다. 아침에 눈뜨면 가장 먼저 하는 것이 구독하는 국내외 유튜버의 새로운 영상을 훑는 것이다. 구독을 신청한 채널 중 절반 정도는 외국 유튜버의 채널이다. 일본의 히카킨, 영어권 퓨디파이, 마크 플라이어, 잭셉틱아이 그리고 남미권 페르난플루까지. 아무래도 외국 영상이 우리나라보다 조금 나은 부분이 있다. 밈(유머가 담겨 있는 짧은 영상. 사진부터 동영상, 움짤, 광고나 만화, 이미지 매크로 등 다양하다.)도 훨씬 빨리 올라온다.

팁을 보태자면 해외 유튜버들의 영상을 보고 '여기서 아이디어를 얻어서 기획안을 쓸 거야.'라는 생각은 접어두는 것이 좋다. 눈에 보이는 것을 슬쩍 슬쩍 노트에 적어두는 정도로 족하다. 도끼눈을 부릅뜨고 본다고 없던 아이디어가 떠오르지는 않는다. 그냥 감상하라. 그게 쌓이고 쌓여서 숙성까지 된 후에야 내게 맞는 옷으로 소화가 된다. 아이디어의 폭발 시기가 온다.

(((•)))
무쏘의 뿔처럼 끌리는 대로 가라

시험시간에 모르는 문제는 답을 그냥 대충 찍는다. 그런데 다 찍고 나면 시간이 남는다. 남는 시간에 문제를 놓고 고심하다가 답을 고친다. 그러면 꼭 먼저 찍었던 것이 정답이다. 처음 봐서 모르는 건 끝까지 봐도 모르는데 고민만 하다가 답도 틀린다.

방송 콘텐츠도 그냥 떠오르는 대로 찍을 때가 최선일 때가 많다. 오늘 아이디어가 떠올라 내일 찍기로 했는데 오늘 다른 유튜버가 같은 콘텐츠로 영상을 올리기도 한다. 어찌 보면 타이밍 싸움이다. 즉흥적으로 떠오를 때 하면 남 눈치도 덜 보게 된다.

유튜버라는 직업의 최대 매력은 자기가 좋아하는 것을 자기 멋대로 할 수 있다는 것이다. 시청자들도 그걸 기대하고 영상을 본다. 그러니 기획부터 무쏘의 뿔처럼 끌리는 대로 하면 된다. 새 옷을 살 때 우리는 일단은 좋아하는 스타일의 옷집에 간다. 그러고 나서 자기가 좋아하는 것을 골라 입는다.

시청자의 공감대가 형성된 콘텐츠 주변을 기웃거리겠지만 결국 골라 입는 옷은 내가 좋아하는 그 옷이다. 내게 자연스럽게 잘 걸쳐지는 옷을 찾고 나면 그 옷으로 멋을 내는 것은 또 나의 몫이다. 무쏘의 뿔처럼 끌리는 대로 가라!

기획 포인트3:
위기를 넘어가는 방법

(((•))) 누가 내 주소를 흘렸어?

시골집은 벨이란 것이 없지만 읍내에 가면 벨이 있는 집이 있었다. 그걸 누르고 집주인이 "누구세요?"를 할 때 신나게 도망간다. 친구들이랑 하면 더 재밌다. 민폐지만, 어린이들은 그런 것이 재밌기 마련. 그런데 1인 미디어를 하면서부터 내가 벨튀의 표적이 되었다. 학생 시청자들이 주요 범인일 거라 생각했다. 그런데 벨튀가 한참 있고 나서 어느 날은 택배가 날아왔다. 곰곰히 생각해보니 음식점 응모함에 남기고 온 연락처에서 주소가 샌 것 같았다. 엄마 아빠가 음식점을 하시는데 주소를 알려줬다면서 택배를 보내는 친구들이 있었다. 벨튀로 시작된 장난은 시간이 지날수록 점점 더 커졌다. 몇 몇이 자기 페이스북에 보겸의 주소라며 주소를 올렸다. 사생활 보호 차원에서 문제가 될 법할 상황이었다. 그런데 그때 장난기가 발동했다.

"이럴 바에야 아예 택배를 받자!"

　페이스북, 유튜브, 인스타그램에 주소를 뿌리고 착불 택배를 보내
달라고 대놓고 이야기했다. 착불로 받을 테니 그냥 보내라고. 차라
리 다 알려줘 버렸다. 그리고 나는 주소 공개 며칠 만에 국내 주요
택배사의 하이클래스 고객 명단에 이름을 올렸다.

　택배 박스에는 별의별 물건이 다 들어 있었다. 정체불명의 USB(야
동을 기대했으나 실상은 그냥 엑셀 문서가 들어 있었다.)부터 엄마가 백화
점에서 받았다는 사은품, 집에서 굴러다니는 오래 된 책들, 이제는
꽂을 곳도 없는 어학 CD들. 마구마구 택배가 왔다. 압권은 집 지
을 땅도 없는 내게 벽돌을 고이 싸서 보내온 경우다. 벽돌은 무게도
많이 나가서 택배비가 1만 원도 넘게 들어간다. 이런 식으로 택배
가 한 번 오면 수십만 원씩 요금을 지불했다. 그래도 가조쿠들이 포
장도 하고 택배사에 연락을 하거나 편의점을 찾아가는 수고를 해서
보내주는 것이니만큼 아깝단 생각은 없었다.

　그런데 그렇게 적응하고 살만할 때 다른 문제가 터졌다.

이슈에 대처하는 유튜버의 자세

그런데 일신상의 위기도 위기 나름이다. 사실 전화번호나 주소가 뿌려지거나 공기 택배가 오는 것은 위기 게이지로 치면 '하' 수준에 해당한다. 정말 큰 위기는 신상과 관련된 이슈가 터졌을 때다. 그런데 유튜버가 성장하다 보면 이런 사건을 몇 번은 겪게 된다.

한 번은 보겸+하이루의 뜻으로 만든 나의 유행어 '보이루'가 도마에 올랐다. 여성을 폄훼하는 표현이라는 주장이 여기저기에 도배가 됐다. 말도 안 되는 이야기지만 믿는 사람은 또 믿었다. 지금껏 나는 여성을 폄훼하거나 비하하는 말이나 행동은 한 적이 없다. 그런데도 악의적으로 이 말을 퍼트리는 이들이 많았다. 월 구독 취소가 15만에서 25만까지 있었다. 사실이 아닌 오해 때문에 가조쿠들이 떠난다는 것에 화가 나고 억울했다.

며칠을 고민했다. 확실한 사과든 확실한 대처든 결정을 해야 했다. 일단은 오해의 소지를 제공한 부분에 신중하게 사과했다. 장난기, 설레발, 오버 다 빼고 진정성을 담아서 나로 인해 불편한 분들에게 사과를 했다. 앞으로도 조심하겠다고 짧고 굵게 영상을 남겼다. 한동안은 정리가 된 것 같았다.

그런데 이후에도 이를 문제 삼고 인간 보겸을 음해하는 내용이 SNS에 퍼져나갔다. 그때는 과감히 '너 고소' 카드를 꺼내들었다. 실제 변호사에게 상담을 받았고 법적으로 어떻게 처벌이 가능한지도 알아봤다. 그리고 해당 유저를 찾아내 내용도 전달했다. 선처를 구하는 연락이 왔다는 내용까지도 방송에 공개하며 밀고 나갔다.

100만 초반에는 위기를 타고 넘어야 한다

요즘은 점점 빨라지는 추세지만 유튜버도 구독자가 100만쯤 되면 정체기가 온다. 무엇으로 떴느냐 캐릭터가 어떠냐에 차이가 있지만 그때부터는 이슈가 만들어진다. 현재도 유튜버들의 욕설, 엽기 행각, 시청자 수 조작 등 다양한 기삿거리들이 떠돈다. 사람들의 관심을 받으니 기삿거리도 많아진다. 온라인 신문부터 각종 루머를 양산하는 곳까지 다양한 곳에서 이슈가 터진다. 이 위기를 잘 타고 넘어가야 한다.

가끔 "자숙하는 시간을 갖겠습니다."라며 유튜브를 접는 크리에이터들도 있다. 자숙하는 것도 좋고 물론 반성도 해야 하지만 응원해주는 사람들을 생각한다면 더 열심히 해야 한다. 음주나 상해, 교통사고 등 범법 행위가 아니라면 말이다. 자숙하겠다고 방송을 쉬는 것은 그동안 자신을 좋아하고 지켜봐 준 팬에 대한 엄청난 실례다. 위기를 뚫고 그대로 밀고 가야 한다. 사과할 일은 사과하고 오해를 풀 일은 풀고 나가야 한다. 자숙한다고 쉬어버리면 언제 돌아올 것인가? 어디로 돌아올 것인가? 잊히는 건 시간문제다!

노이즈마케팅이라고 하기는 조심스럽지만, 이 시장에서는 어떻게든 어그로를 끌고 사람들의 관심을 유지해야 살아남을 수 있다. 방송은 꾸준히 해야 한다. 안 좋은 평판 때문에 구독 취소가 많아져도 시청자들과 소통하면서 해결할 일이다. 시청자를 이해시키고 설득하면서 위기를 헤쳐나아가야 한다. 뚝심 있게 밀고 나가다 보면 "그 위기가 기회였다."라고 말할 때가 올 것이다.

(((•)))
눈치는 봐라, 그러나 너무 눈치만 보지는 마라

나도 콘텐츠를 만들면서 정기적으로 구독자들의 시청 상태를 확인한다. 쉽게 말해 시청자들 눈치를 본다. 보통은 영상을 올릴 때 이미 어느 정도 조회 수가 나올지 가늠하지만 실제 결과가 어떤지도 꼭 체크한다. 영상이 품은 시청자 파이, 영상의 재미 등을 고려해, 조회 수가 적절한가를 평가한다.

연예인은 아니지만 인기를 먹고사는 유튜버인 만큼 시청자들의 호불호를 무시할 수 없다. 이슈가 터질 때 시청자의 태도는 유튜버의 리액션에 따라 달라진다. 하지만 유튜버는 자기가 좋아하는 일을 하는 사람이란 걸 잊으면 안 된다. 물러설 때와 앞으로 나아갈 때도 자신이 결정하면 된다. '왜 그렇게 바보 같았나…' 후회 되는 일이 있더라도 당장은 앞으로 나가는 길밖에 선택의 여지가 없을 때가 있다.

유튜버는 너무 눈치만 보면 아무것도 하지 못한다. 배짱과 담대함을 키우라. 이슈에 먹히지 않고, 이슈를 씹어 먹고 나가라. 쭉 밀고 나가라. 그게 남는 콘텐츠고 좋은 기획이 된다.

기획 포인트4:
유튜버는 연예인이 아니다,
유튜버 최대 무기는 진정성이다

(((•)))
캐릭터에 인간미를 더하라

유튜버의 진정성이란 사실 한 마디로 설명하기가 어렵다. 한 유튜버는 "남들이 '헐~ 대박'할 때 '풋' 하고 웃음을 터트리는 것이 나의 진정성"이라고 했다. 그것이 자연스럽고 자신에게 맞는 것이라면 맞는 말이다.

연예인은 한 번 방송을 위해 샵에 가서 1~2시간 동안 메이크업을 받고 머리를 손질하고 옷을 고른다. 그리고 강한 조명 아래 카메라 앞에 선다. 가장 멋진 모습, 가장 예쁜 모습으로 보이려고 한다. 일상의 모습을 담는 드라마나 영화도 마찬가지다. 엄청난 손질을 한 후에 녹화에 들어간다. 그런 정제된 모습을 보이기 때문에 주변 사람들을 쉽게 오징어로 만든다.

다행히 유튜버는 연예인이 아니다. 너무 잘 보이려고 너무 완벽해 보이려고 애쓰지 않아도 된다. 번쩍번쩍하고 화려한 것도 좋지만 한 번 그런 콘셉트를 잡으면 다음에는 더 대단한 것을 보여주어야 한다. 오늘 구찌를 들고나가면 다음에는 루이비통을 들고나가야 하고 그다음에는 샤넬을 들고나가야 한다. 오늘 방송하고 내일 접을 게 아니면 그 이상의 명품이 계속 필요하다. 쎄고 자극적인 아이템으로 시작하면 점점 더 수위가 올라가야 시청자들의 이목을 유지할 수 있다.

카메라 앞에서는 힘을 주고 에너지를 분출하다가 카메라만 꺼지면 온몸에 힘이 쭉 풀려버리는 식은 오래가기 힘들다.

(((•)))
유튜버 최대 무기 진정성을 기획에 담아라

유튜버에게 인간미는 대단한 매력이다. 시청자에게 오픈 마인드를 선언하고 나면 많은 문제들이 쉽게 해결된다.

4월 1일 만우절은 밝고 건강하고 쾌활한 이미지의 유튜버에게는 갯날이다. 수위 걱정 없이 장난기를 발동할 수 있다. 조금 도발적인 아이템도 소화할 수 있다.

나는 2019년 만우절을 맞아 평소 친하게 지내는 여자 유튜버에게 사랑을 고백하는 콘텐츠를 떠올려 보았다. 그런데 너무 얄팍한 아이디어라 가조쿠들한테 다 털렸다. "보겸 님 오늘 고백하겠네요.", "형 벌써 다 알아요.", "이거 100% 실화, 벌써 다 봤다." 댓글이 이미 달려 있었다. 아이템을 버려야 하나 그대로 가야 하나 고민을 하다가 얄팍한 아이디어를 그대로 오픈하기로 했다.

여자 유튜버에게 전화를 걸어 그대로 고백했다. 진지하게 대화가 오고 갔다. 전화를 끊고 다시 전화를 걸어 "너 내가 전화할 줄 알고 있었냐?"라고 물으니 역시나 "팬들이 다 알려줬어."라며 태연하게 답을 하는 것이 아닌가! 가조쿠들이 다 알아챈 것도 그래서 내가 바보가 된 것도 그대로 화면에 담겼다.

어떤 상황에서도 진정성을 포기하지 마라

처음 방송을 할 때는 욕을 많이 했다. 기성세대들이 들으면 당혹스러울 수 있지만 10대 친구들이 듣기엔 무난한 수준이었다. 욕을 한다고 해도 그냥 흔히 쓰는 정도였다. 그게 내 나름에서는 진정성이기도 했다. 게임하면서 욕하고, 그러면서 친해지는 것이 당시 우리 또래의 정서였다. 그런데 어른들의 눈에는 이게 굉장히 불편하게 비쳤던 것 같다.

1년 반 정도 집에 박혀서 방송을 했을 때 엄마가 자취집으로 찾아오셨다. 친구 어머니한테 이야기를 듣고 달려오는 길이라고 하셨다.

"형준이(가명) 엄마가 네 얘기를 하더라. 뭐하고 지내는 건지 직접 보러 왔지."

엄마에게 방송 몇 개를 보여드렸다. 엄마는 "욕은 좀 줄이면 좋겠는데…"라고 하셨다. 이후로도 방송의 내용보다는 표현을 조심하란 말씀을 많이 하셨다.

욕에 대한 불편함을 어느 정도 인지를 하고 있던 상황에서, 선배의 한 마디가 결정타를 날렸다.

"너 방송 되게 재밌는데 우리 애한테 보여주긴 힘들겠더라."

뒤통수를 때리는 말이었다. 선배의 말은 장난도 비난도 아니었다. 10대 애들이 좋아하고 어른들도 볼 수는 있지만 선뜻 권하기는 어렵겠다는 팩트였다. 그 말에 약간의 타격을 입었다. 시청자 폭을 넓히기 위해서는 욕 문제를 해결하고 가야 한다는 걸 절실히 느꼈다.

아이에게도 보여줄 수 있는 진정성이란

당시 나의 캐릭터는 막 나가는 10대 느낌이었다. 욕을 안 하는 10대는 거의 없다. 그러니 욕을 빼놓고 방송을 하기는 매우 힘들었다.

그런데 의외로 가까운 데서 해결점을 찾을 수 있었다. 충청도식 사투리는 내가 가진 몇 안 되는 장점이었다. 덕분에 많은 유행어를 만들 수 있었다.

"보겸이가 돈을 많이 번다던데?" 서울식 말보다는 "보겸이 돈을 쓸어 담는담서?" 충청도 사투리가 구수하고 정감 있다. 입에 감기는 맛도 좋다. 욕도 이렇게 사투리를 섞으면 조금 더 순화되지 않을까 생각했다. 그리고 욕의 효과를 내지만 욕처럼 들리지 않는 말들을 떠올려 보았다. 날카롭게 찌를 정도로 쎄진 않지만 적당히 자극을 전달할 수 있는 정도의 말을 떠올렸다.

당시 고민해서 만든 말이 "이거 실화냐!"이다. 서울 사람은 "이거 실화니?" 전라도 사람이라면 "이거 실화여?"라고 했을 테지만 충청도 버전으로 하니 훨씬 더 부드럽게 들렸다. 욕으로 바꾸어 표현하면 "이런 XX, XX 놈아, 개 X 같은 XX" 아주 긴 문장이다. 이 긴 욕을 한 문장으로 압축했다. 뭉뚱그려 놓은 이 문장을 시청자들도 좋아했다.

나는 이후에도 욕을 줄일 수 있는 방법을 찾다가 "가즈아", "갑분싸", "미띤" 혹은 "미르스띤", "컹스" 등의 유행어를 만들어 유행시켰다. 미르스띤이나 컹스는 발음을 순화시키는 단어이다. 미르스띤은 들으면 쉽게 미친을 연상할 수 있다. 컹스는 다양한 상황에 사용하는 추임새다. 고등학교 때 친구들과 말 끝에 '컹'을 곧잘 붙이고는 했는데, 그게 시작이었다. 롤을 하면서 닉네임 뒤에 's'를 붙여서, 예를 들면 '보겸's'처럼 사용했었는데, 컹과 s가 만나 컹스가 되었다.

유행어는 내뱉을 때 감이 온다. 처음에 내 입으로 뱉어보고 입에 잘 붙으면 시청자들도 듣고 잘 따라 해준다. 가조쿠들의 반응이 괜찮으면 몇 회 만에 유행어로 자리를 잡는다. 그리고 300만 구독자가 직접 퍼뜨려 준다. 진정성은 살리면서 욕을 줄이고자 했을 뿐인데 어느 날 나는 유행어 부자가 됐다.

기획 포인트5:
결국 남겨야 할 것은
아이템이 아니라 캐릭터다

(((•)))
보겸 신드롬은 어떻게 시작됐나?

2017년도 유튜브를 갈아엎으면서 다짐한 것이 있다.

"휘둘리지 않겠다. 내가 하기 싫은 건 절대 안 하겠다."

하루에 영상 2개씩 일주일에 14개를 꾸준히 올렸다. 그리고 건드렸던 아이템들이 다 터졌다. 그야말로 보겸신드롬이 일었다. 하루에 구독자가 1만~1만 5,000명씩 늘었다. 그 흐름이 4달 동안 이어졌다. 그 결과 2017년 12월에 100만 구독자가 모였고, 3달 반 만인 2018년 4월에 200만 명의 구독자가 모였다. 이후에도 구독자가 꾸준히 늘어 2019년 7월에는 구독자 수가 340만 명이 넘었다.

물론 하루아침에 얻은 결과는 아니다. 2017년 4월부터 모든 걸 갈아엎고 새롭게 시작한 결과였다. 당시 구독자는 약 30만 명이었다. 아프리카TV에서 매일 수만 명의 시청자들과 함께하며 어느 정도 지명도가 있어 그나마 유지되던 구독자였다. 당시 나의 방송 콘텐츠는 올라운드로 확장됐다. 오버워치, 배틀그라운드, 클래시로얄, 콘솔, 모바일, 먹방, 실험, 보슐랭가이드… 할 수 있는 영역은 다 해보았다. 구독자가 300만 명을 넘기자 여기저기서 "보이루."를 들을 수 있었다. 초딩부터 대딩까지 보이루를 외치며 다녔다.

퍼스트클래스에서 먹방을 촬영하게 해주었던 그 행사. 포트나이트 월드 행사에는 세계 유명 유튜버들이 초청됐다. 한국에서는 2명이 초청됐는데 그 중 하나가 나였다. 1등석을 타고 미국에 가서 준비된 벤츠를 타고 호텔로 갔다. LA 레인저스 파크 야구장에서 전 세계에서 온 유튜버들과 게임도 하고 여러 가지 이야기를 나눴다. 비록 말은 서로 잘 통하지 않아도, 다 비슷하다는 것을 느꼈다. 고민하는 지점도 나아가는 방향도 다르지 않았다. 그때 다시 한 번 깨달은 것이 "아이템이 아니라 캐릭터를 남겨야 한다."는 것이었다.

(((•)))
대한민국 유튜버, BJ들이 가장 무서워하는 것은?

앞서 말했듯이 온라인 방송에서 유튜버, BJ들이 가장 무서워하는 것이 콘텐츠 체인지다. 그들 사이에는 콘텐츠 체인지는 곧 사망이라는 불문율이 있다. 먹방에서 게임으로, 뷰티에서 먹방으로 아주 획기적인 변신을 하는 것도 아니었는데 시청자들이 떨어져 나갔다. 이 게임에서 저 게임으로 종목을 바꾸는 데도 그들의 고심은 대단했다. 그만큼 콘텐츠 인기는 유튜버, BJ의 인기와 직결됐다. 콘텐츠로 선택한 게임의 유저가 많아지면 유튜버, BJ 인기도 올라갔다. 새로운 게임이 나와서 게임이 시들해지면 인기도 시들해졌다.

나는 "머리에 총 맞았어?" 소리를 들어가며 게임을 바꾸고 콘텐츠들을 갈아타며 방송을 했다. 하나도 둘도 아니고 몇 개씩 콘텐츠를 바꿨다. 새로운 시청자가 생겨나고, 돌아섰던 시청자가 다시 돌아오면서 전체 시청자들이 늘어났다. 보겸을 좋아하는 팬덤인 가조쿠들이 늘어나면서 점차 콘텐츠에 휘둘리지 않는 크리에이터로 자리를 잡게 됐다.

(((•)))
콘텐츠가 무엇이든 나를 어필하라

한 계단 한 계단 올라가면서 나는 아이템이 아니라 캐릭터를 남겨야 한다는 것을 절감했다.

유튜버의 시청자는 여러 경로로 채널에 들어온다. 직접 채널을 찾아올 수도 있고 구독 채널에 새 영상이 올라왔다는 알림을 받고 채널로 오는 경우도 있다. 관심이 가는 키워드를 검색했을 때 뜨는 여러 채널 중에 한곳을 선택해 들어오기도 한다. 요즘은 유튜브의 인공지능이 추천한 영상의 썸네일을 보고 그게 맘에 들어서 찾아오는 경우도 많아졌다.

어쨌든 유튜버는 시청자가 찾아온 이 기회를 잡아야 한다. "이 유튜버 재밌다." 시청자가 자연스럽게 이런 생각을 하게 해야 한다. 그러기 위해서는 콘텐츠가 아니라 캐릭터가 전해져야 한다. 게임, 뷰티, 먹방, 시사, 연예, 비평 모든 콘텐츠에서 남겨야 하는 건 캐릭터다. 유튜버가 떠드는 이야기들은 대부분 공중에서 흩어져 사라진다. 메시지 자체에는 아무 의미가 없다. 메시지를 전달하는 유튜버에게 끌림이 있어야 한다. 유튜버의 영상을 봤는데 메시지만 기억되고 유튜버에게는 어떤 느낌도 없었다면 그 영상은 영양가가 반으로 떨어진다. 캐릭터가 없는 유튜버가 걷는 길도 같다.

콘텐츠에 의존하는 유튜버는 콘텐츠를 위해 살아간다. 콘텐츠에 의존하다 보면 새로운 시도를 할 수 없어진다. 오래 살아남기 위해서는 몇 번의 변화를 경험해야 하는데 시도 자체가 어려워진다. 시청자에게 휘둘리는, 콘텐츠에 목을 매는 악순환에서 빠져나오지 못한다. 그러다가 콘텐츠가 망하면 같이 망한다.

(((•)))
궁극의 스킬, 나를 브랜드로 만들어라

어릴 때 우리 집에는 SBS가 나오지 않았다. 읍내에서 멀리 떨어진 곳이라 유선을 달 수 없었고 민영방송이 나오지 않았다. 그러다 어느 날 친구 집에서 처음 SBS를 봤는데 정말 재밌었다. 신동엽이라는 개그맨이 나와서 섹드립을 하고 초대받은 연예인을 골리는 것이 너무 재밌었다.

크면서 나는 "신동엽처럼 되고 싶다."는 생각을 했다. 신동엽에게는 적당한 선이 있다. 자신을 낮춰서 웃음을 자아내지만 아주 가벼워지지는 않는, 상대를 골려주지만 아주 불쾌하게는 하지 않는 보이지 않는 선이 있다. 그 선을 지키는 것이 얼마나 중요한지 아르바이트를 하거나 어른들을 만날 때마다 느끼곤 했다.

'신동엽', '유재석', '강호동' 이 셋은 유명하다. 각자의 확고한 이미지를 가지고 있다. 그리고 다르다.

유튜버에게 가장 좋은 것은 신동엽, 유재석, 강호동처럼 자신이 '하나의 브랜드'가 되는 것이다. 이들 개그맨들은 숱한 프로그램을 만들었지만 자신의 캐릭터로 살아남았다. 아무도 그들을 프로그램의 소품으로 생각하지 않는다. 그가 자신의 프로그램을 만들고 있다고 생각한다. 그렇게 확고한 이미지를 구축했을 때 브랜드화가 이루어졌다고 할 수 있다.

브랜드는 캐릭터를 바탕으로 스스로 구축하는 것이다. 자신이 가고 싶은 지향점을 떠올려 보라. 자신의 색깔과 매력을 잘 어필할 수 있는 것이어야 한다. 그것을 이미지로 구체적으로 상상해 보라. 나를 브랜드화 하는 것은 사실 최고의 난이도다. 가지고 싶다고 해서 누구나 가질 수도 없다. 한 마디로 궁극의 스킬이다. 모든 걸 걸고 매진하기에 충분한 아이템이다.

촬영 포인트:
원하는 시간에
원하는 내용을 촬영하라!

(((•)))
유쾌함을 앗아가는 모든 것을 버려라

얼마 전 좋아하는 유튜버의 영상을 보는데 얼굴 표정이 좋지 않았다. '뭔가 일이 있었구만.' 딱 보였다. 인간관계에서 스트레스를 받은 얼굴이었다.

나름 업계의 선배이다 보니 사람과의 관계에서 오는 어려움 때문에 상담을 요청해오는 유튜버들이 있다. 나는 되도록 즉각 문제를 해결하라고 조언한다. 사람때문에 흔들리는 마음으로는 좋은 영상을 만들 수가 없다. 상황을 해결하고 마음을 가라앉히는 데는 너무 많은 에너지가 들어간다. 크리에이터가 영상에 집중할 수 없는 것, 그것은 팬들을 대하는 최대 실수다.

멘탈 관리에서도 이야기했지만 유튜버는 일상이 밝고 즐거워야 한다. 최소한 마음을 산란하게 하는 일들은 없애야 한다.

시간 관리 면에서도 마찬가지다. 자기가 신경 쓰는 일이 줄어들도록 많은 것들을 배제해야 한다. 나는 친구들 모임도 덜 챙기는 편이다. 콘텐츠 제작에 영향을 미치지 않도록 일찌감치 밑밥을 깔아 놓는다. 그래야 내 끌리는 시간에 내 끌리는 대로 촬영을 할 수 있다.

(((·)))
가야 할 때가 아니라 가고 싶을 때 가야 한다

보겸TV의 대표 콘텐츠 보슐랭 가이드는 섭외가 관건이다. 대부분 5성급 호텔이어서 사전 양해를 구하는 일이 어렵다. 실무자가 보겸TV 구독자여서 촬영에 협조를 해주고 싶어도 결정권자가 "그깟 유튜버가 뭔데?" 해버리면 촬영 허가가 나지 않는다. 다행히 "여기 구독자가 300만 명이 넘어요. 음식값도 현금으로 다 지불한다고 합니다. 그냥 조용히 촬영만 하고 가신대요." 실무자가 이야기를 잘 해주면 그나마 가능성이 열린다. 다행히 한 번 허가를 받으면 다음 섭외는 좀 수월해진다. 비슷한 등급의 호텔은 무사통과되는 경향이 있다. 하지만 그래봐야 5곳을 연락하면 2곳 정도가 섭외되는 수준이다. 그런데 이렇게 어렵게 촬영 허가를 받아도 촬영을 못 가는 곳들이 있다. "1~2주 전에 연락해주세요."라고 단서가 붙는 곳들이다.

보겸TV는 "촬영을 하고 싶을 때 촬영을 한다."는 원칙을 가지고 있다. 가야 할 때가 아니라 가고 싶을 때 촬영을 나간다. 고로 다음 주는 고사하고 내일 촬영 스케줄도 확답을 하기가 어렵다. 1~2주 사전 약속은 꿈도 꿀 수 없다. 미슐랭 가이드에 이름을 올린 식당들 중에는 장인 정신을 가지고 공중파 방송국 촬영도 허가하지 않는 곳이 많다. 그런 곳에서 촬영 허가를 받는 것도 굉장히 어려운 일이다. 전화로 사정하다가 안 되면 찾아가기도 한다. 그런데 어렵게 허

▶ 183

가를 받아도, 사전 약속이 필수라면 일단 촬영은 보류다. 담당 매니저에게는 미안하지만 어쩔 수 없다.

(((•)))
진텐션은 포석 위에 피어난 꽃이다

꾸미지 않는 촬영은 자연스러움과 진짜 텐션을 위해서다. 최고의 컨디션에서 최고의 텐션을 올려서 촬영을 하고 싶은 욕심 때문이다.

보통 새벽 2~4시까지 방송을 하면 새벽빛이 들어올 때에야 잠을 잘 수 있다. 그리고 오전 11시에서 12시 사이에 눈을 뜬다. 1시간 정도는 포털 뉴스를 보고 유튜브에 새로 등록된 영상도 보면서 뭐 할지를 생각한다. 그리고 씻고 미팅에 나간다. 요즘은 광고주 미팅도 많다. 미팅을 마치고 나면 첫 끼를 해결한다. 운동도 간다. 예전에는 몸이 좋아지길 기대하며 운동을 했지만 요즘은 오래 살려고 운동을 한다. 식스팩이 아니라 건강과 생명 연장을 위해 운동을 한 지 오래다. 웬만하면 빼먹지 않고 운동을 한다.

이후로는 영상을 확인한다. 여기에 상당한 시간이 들어간다. 3~5분 영상이지만 편집하고 자막 넣고 확인하는 과정을 생각하면 1~2시간도 모자라다. 그러면 벌써 오후 5~6시가 다 된다. 이후에는 보통 영상을 찍는다 5분짜리를 5분에 찍을 때도 있지만, 원하는 그림이 나오지 않아서 시간이 걸릴 때도 있다. 새로운 콘텐츠를 찾고 촬영을 하고 나서는 밥을 먹고 생방송을 준비한다. 방송을 마치면 취침, 일어나면 다시 같은 사이클의 반복이다. 잠은 하루에 보통 5~6시간 잔다.

전업 유튜버는 종일 촬영이 가능하고 편집도 오래 할 것 같지만 해 보면 시간이 없다. 나처럼 생방송도 하고 동영상 촬영도 하는 경우는 더욱 바쁘다. 일상에 쫓기면 컨디션이 다운되고 만사 의욕도 사라진다. 그러니 되도록 좋은 컨디션을 유지하기 위해 주변 잡일은 다 제쳐둔다. 기운이 나고 기분도 좋은 한때를 노려 촬영에 매진한다. 진텐션은 이러한 포석 위에 피어나는 꽃이다.

(((•)))
그러고도 재미없으면 바로 컷이다

그럼에도 촬영을 하는데 재미가 없으면 바로 접어야 한다. 내가 하면서 재미가 없는데 계속하는 것은 어거지다. 이것을 알기까지 나도 몇 년이 걸렸다. 재미가 있고 없고는 사실 내가 제일 잘 안다. 하는 내가 재미없으면 보는 사람은 얼마나 재미가 없겠는가? 촬영 장에서도 재미가 없으면 영상은 또 얼마나 재미가 없겠나? 모니터만 봐도 다 티가 난다. 시청자에게 재미없는 삶을 들키느니 바로 접는 게 낫다. 컹스. 멘트가 좀 셌나?

촬영 포인트2:
구독자가 원하는 건
배우가 아니라 유튜버다

(((•)))
낭떠러지에 선 것 같은 느낌은 안 된다

촬영에 있어 나의 최대 장점은 추진력이다. 망설이거나 머뭇거리는 것이 없다. 카메라를 들고 바로 나간다. 다녀오면 대부분 콘텐츠가 만들어진다.

그런데 어떨 때는 아이템을 보고 머뭇거릴 때가 있다. 아직 확실한 감이 안 왔을 때다. 예를 들어 커피 캔이 테이블 위에 올라와 있는 것을 보고 생각한다. '커피 캔 촬영을 하고 싶은데…' 찍고는 싶은데 뭔지 모르게 첫발을 떼는 것이 두렵다는 느낌이 들면 영상을 찍는 건 포기해야 한다. 낭떠러지에 선 것처럼 뭔가 불안하다 싶으면 촬영까지 가지도 않는다.

사실 생방송만 하다가 유튜브를 위한 촬영을 시작할 즈음 나도 억지 촬영을 해봤다. 하다 보면 어떻게든 되겠지 하고 시작했다. 그런데 몇 번의 시행착오 끝에 "이건 아니다."라는 감을 잡았다. 어거지로 하면 대부분 영상은 실패한다.

콘텐츠에 감흥이 없을 때 제일 쉽게 하는 것이 남의 스타일 따라하기다. 재미만 있다면 따라 했다는 욕을 들어도 괜찮을 텐데 이도 저도 아닌 콘텐츠가 만들어진다.

(((•)))
시청자분 아니라 내게도 새로워야 한다

촬영은 무조건 '진텐션'으로 해야 한다. 그게 답이다. 콘텐츠를 시작할 때는 이게 잘 풀릴까 안 풀릴까 걱정이 돼서 미리 시나리오를 짜지만 그게 오히려 독이 될 때도 있다.

이사를 한 친한 유튜버네 집에 합방 촬영을 위해 갔다. 머릿속에는 '이사' 하나만 떠올려놓고 갔다. 아파트 앞에서 오프닝을 찍은 후 엘리베이터를 타고 올라갔다. 그런데 친구가 초인종을 누르기도 전에 나와 카메라를 켜기도 전에 반갑게 인사를 해버렸다.

"형 왔어? 어서 들어가자."

나는 따라 들어가지 않고 카메라부터 켰다.

"점심시간 지났는데 밥 먹고 해. 급한 것도 아닌데 일단 밥부터 먹지, 뭐."

나는 알고 있다. 이 유혹에 넘어가서 그대로 들어가면 안 된다. 그날 촬영 콘셉트는 새집에 들어가서 얼마나 좋은 집인지를 확인하는 거였다. 강남에 지은 새 아파트의 풍광이 얼마나 좋은지 직접 보여주는 것이었다. 새것이 주는 감흥은 처음 딱 한 번뿐이다. 이미 본 것을 다시 보면서 감흥을 살리려고 해봐야 되지 않는다. 비슷하게 흉내는 낼 수 있겠지만, 그야말로 흉내일 뿐이다.

모든 영상은 내가 느끼는 것을 시청자도 같이 느낄 수 있도록 보여주어야 한다. 내가 새로워야 시청자도 새로움을 만끽할 수 있다. 시나리오를 짠다고 사전조사를 하면서 얻은 정보가 새로움을 망친다. 그리고 시나리오 대로 흘러가려고 하는 강박감이 어딘가 모르는 부자연스러움을 만든다. 모르면 모른 채로 시작해야 한다.

(((•)))

간다, 찍는다, 온다

보통 재촬영은 없다는 생각으로 촬영을 시작한다. 가서 찍고 돌아온다. 한 번에 쭉 가는 것을 원칙으로 한다. 영화나 드라마도 아닌데 컷 단위로 찍는 것은 무리가 있다. 초보 단계에서는 컷을 나누고 멘트를 쪼개는 것이 편할 수 있지만 여기에 맛을 들이면 안 된다. 우리도 일상 대화를 할 때 문장을 끊어서 몇 번씩 말하진 않는다. 한 번에 긴 호흡으로 나가도록 훈련해야 한다.

촬영 시에는 카메라를 여러 대 세우는 것도 피한다. 카메라를 여러 대 세우는 것만으로 거부감을 줄 수 있다. 진정성을 보여주는 자연스러운 촬영이면 된다. 슬픈 얼굴을 줌으로 당기는 것만으로 뭔가 인위적인 냄새가 난다. 눈물 한 방울을 담아내려는 노력보다는 자연스럽게 흘러가는 상황을 보여주는 것을 권한다.

카메라에 인물만 담으려 애쓸 필요도 없다. 얼굴과 말로 다 때우려는 유튜버들이 있다. 자기 얼굴을 비추면서 "여기 정말 아름다운

데요. 호수에 보석을 뿌려놓은 듯이 빛나요. 정말 좋아보이죠?"라고. 너무 카메라에 얼굴을 내밀려고 욕심내지 마라. 최대한 상황을 이해하도록 보여주어야 한다. 시청자의 시선으로 무엇을 보고 싶을지를 생각해야 한다.

지금 시청자들이 가장 싫어하는 게 인위성이다. 내게도 일어날 법한 일에서 오는 공감과 자연스러움을 선호한다. 둘이 멘트를 치고받는 상황극도 정도껏 해야 한다. 주작으로 상황을 연출하는 것은 금기다.

최악은 연기로 감정을 살리는 것이다. 할리우드 연기로 텐션을 올리면 10분 촬영도 버겁다. 편집 프로그램에 촬영 영상을 올려놔도 컷들이 잘 붙지 않는다.

간다, 찍는다, 돌아온다. 3가지 스텝을 기억하라. 헐리우드 연기는 피한다.

촬영 포인트3:
내 눈에 부족함이 보이기 시작할 때는
장비를 고민하라

(((•)))
모자라다는 느낌이 올 때

내가 장만한 최초의 방송 장비는 조명판이다. 지금은 사실 이것 저것 장비가 많지만 초창기만 해도 장비에 대한 애정이나 욕심이 없었다. 카메라보다는 피규어를, 편집 장비보다는 게임기를 더 좋아했다. 그러다 온라인 생방송을 해보니 얼굴이 생각했던 것보다 검고 지저분해 보였다. 화장실에서 볼 때는 생기가 넘치는데 화면에서는 잡티도 많고 얼굴색이 어두웠다. 그때 이것저것 알아보다가 조명판을 찾았다. 보통 연예인들이 촬영을 할 때도 조명을 비추고 화이트보드까지 대서 얼굴에 빛이 잘 가도록 한단다. 사용해보니 얼굴이 더 화사해져서 좋았다.

이후로는 특별히 촬영 장비를 장만할 기회가 없었다. 욕심보다 의욕이 없었다. '정말 못 봐 주겠네.' 스스로 깨친 후에야 장비의 세계에 눈을 떴다.

보슐랭 가이드 중식 맛집을 촬영할 때였다. 유명한 호텔에 있는 중식점이었고 자장면도 상당히 비쌌다. 30만 원짜리 중식 코스를 스마트폰으로 찍고 있었다. 처음에는 스탠드로 세워서 찍고 인서트는 손으로 스마트폰을 들고 찍었다. 그렇게 촬영을 마치고 돌아왔다. 촬영할 때는 때깔 좋고 먹음직스러웠는데 영상 속의 자장면은 그렇게 보이지 않았다. '이게 뭔가?' 싶었다. 그런데 신기하게도 그렇게 한 번 색이 이상한 걸 눈치채고 나니 이전에 찍은 것도 죄다 이상하게 보였다. 색감이 전혀 살지 않았다. 그때 처음 장비가 더 필요하다는 생각을 했다. 그리고 DSLR 소니 캠코더와 알파 9를 장만했다. 스마트폰보다 다루기는 어려워도 DSLR을 쓰니 확실히 색이 좋았다. 만족스런 선택이었다.

(((•)))

내 눈에 이상한 것을 해결하면 된다

첫 장비로 스마트폰을 추천하니, 구체적으로 어떤 기종이 좋으냐는 질문이 따라서 온다.

아이폰7이나 갤럭시 S8, LG G6 이상이면 무난하다. 모두 듀얼 카메라가 탑재돼 있고 후면 1,200만 화소 이상 전면 500만 화소 이상의 화질을 뽑아낼 수 있다. 아이폰은 흔들림 보정, 자동 HDR 기능도 있고 디지털 줌도 안정적이다. 동영상 촬영에서도 4K 지원이 되고 흔들림 보정이 된다. 갤럭시 S8은 손 떨림 방지 기능과 오토 포커스 기능이 있어서 사용이 편하다. LG G6는 트래킹 기능이 탑재돼 유용하다.

이외에도 캠코더, 방송용 카메라, 스탠드, 조명, 마이크 등 갖추고자 하면 알아야 할 장비들이 상당히 많다.

방송용 장비를 카탈로그를 살피며 꼼꼼히 고르는 유튜버들도 있는데, 방송용 장비는 스펙이 많지 않다. 소니 아니면 캐논이 다다. 찾아보면 후지도 있고 이것저것 있겠지만 대부분 소니와 캐논을 사용한다. 내가 아는 유튜버들은 캐논을 많이 사용하는데 개인적인 호불호일 뿐이다.

카메라에 관한 자료는 유튜브에 가장 많다. 유튜브에 '유튜버 카메라'를 치면 웬만한 정보는 다 나온다.

장비는 '부족한 부분이 보일 때' 장만하는 것이 좋다. 유튜버라면 화질과 흔들림 등 촬영에 영향을 미치는 것들을 일반인보다는 더 빨리 알아차릴 수 있을 것이다. 부족한 부분을 보완하고 싶을 때가 새로운 장비를 장만하기 좋은 시기다. 그저 좋아 보여서 산 장비들은 쓰지도 않고 자리만 차지하는 경우가 대부분이다. 필요한 걸 그때그때 사야 장비의 도움을 받을 수 있다.

만일 주변에서 화질이나 소리에 관한 컴플레인이 반복되는데도 본인은 전혀 이상한 점을 못 느낀다면 곰곰이 생각해보아야 한다. 유튜버가 방송의 문제를 스스로 찾을 수 없다면 '노답'인 상황이다. 그런 사람이 직업으로 유튜버를 하는 것은 답이 아니다.

내가 쓰는 장비들

메인 캠코더

PXW-Z90 | 360만 원

스튜디오 촬영 메인 카메라다. 화질 좋고 가볍고 들고
다니기도 좋다. 가장 자주 쓴다. 장시간 촬영할 때 좋다.

동영상/스틸(썸네일용) DSLR

소니 A9 + 24-105mm | 600만 원

동영상 촬영은 물론 먹방 접사 용으로 화질이나 색감이
엄청 좋다. 4K 지원도 된다. 초보자들은 설정을 자동으
로 놓고 써도 무방하다.

보조 카메라

캐논 legria mini x | 80만 원

밖에서 혼자 촬영할 때 사용하는데 그립감이 좋다. 화질
이 좋고 스마트폰보다 안정적으로 잡을 수도 있다.

소니 액션캠

FDR-X3000r | 60만 원

액션캠과 한 세트인 시계가 촬영 중인 화면을 보여준다.
야외 방송에서 가볍게 들고 싶을 때 사용한다. 카메라가
드러나지 않아야 할 때도 좋다.

소니 알파 7

소니 알파 A7 III + 35mm | 200만 원

A9와 같이 쓰는 DSLR.

삼각대

Sachtler 정품 Ace M GS 1002 | 120만원

집에다 놓고 쓰는 삼각대.

짐벌

DSLR 짐벌 크레인

밖에서 촬영할 때 손 떨림 보정을 잘 해준다. 덕분에 시
청자들이 편하게 볼 수 있다.

셀카봉

스마트폰 짐벌을 사용하기 불편할 때 쓴다. 특별한 고급
사양은 아니지만 그냥 편하게 사용하고 있다.

지향성 마이크

UWP–D11 : 65만 원

ASMR용으로 주로 쓰는 마이크다. 밖에서 소리가 잘 들
어오지 않을 때 사용한다.

모니터링 용 헤드폰

MDR-Z1R

카메라에 꽂아서 카메라맨이 마이크 소리를 모니터링

할 때 쓴다.

보겸의 컴퓨터 사양

방송용 컴퓨터

CPU | Intel Core i9-7980XE 230만 원

메인보드 | ASUS ROG RAMPAGE VI EXTREME iBORA - 100만 원

램 | G.SKILL DDR4 16G PC4-33000 CL19 TRIDENT ZSWC (8Gx2)*4 160만 원

그래픽카드 | ASUS ROG STRIX 지포스 GTX1080 Ti*2 300만 원

SSD | 삼성 860 PRO 1TB - 40만 원

파워 | CORSAIR HX1200 80PLUS 40만 원

케이스 | CORSAIR OBSIDIAN 500D RGB SE 40만 원

쿨러 | corsair h115i pro rgb / corsair ll140 25만 원

마우스 | 로지텍G G903 LIGHTSPEED WIRELESS 20만 원

송출용 컴퓨터

CPU | Intel Core i7-8700 커피레이크 40만 원

마우스 | 로지텍G G900 카오스 스펙트럼 게이밍마우스 20만 원

모니터 | 벤큐 XL2740 아이케어 72만 원

로지텍 웹캠 | 로지텍 BRIO 4K 프로웹캠 40만 원

　　사실 이 장비들은 사치스러운 편이다. 이 절반의 사양만 되어도 충분하다 못해 넘친다.

촬영 포인트4:
RPM을 올려라!
촬영과 동시에 최종 영상을 머릿속에!

(((•)))
콘티는 머릿속에!

"콘티 짜는 법 좀 알려주세요."

드라마나 영화에 콘티라는 게 있다는 건 알았지만, 유튜브에도 콘티가 필요할 수 있다는 걸 최근에 알았다. 그렇게 촬영이 될지는 의문이지만 콘티 짜는 법이 있다면 나도 배우고 싶다.

내가 촬영에서 강조하는 것은 자연스러움과 진정성이다. 콘티 같은 게 있을 리 없다. 대신 촬영을 하면서 머릿속에서 계속 생각을 한다. 입으로는 이야기를 하면서도 머리 한 쪽에서는 이때 어떤 효과음이 들어가면 좋을지 어떤 짤을 넣으면 인상적일지 생각을 한다. 내 머릿속의 도서관에서 자료를 하나씩 꺼내 쓰는 것과 비슷하다. 물론 이런 경지에 이르기 위해선 머릿속에 엄청난 양의 자료가 있어야 한다.

생방송에서는 순발력이 필요하다. 어떤 콘텐츠와 연결이 되는지 계산해서 다음 이야기를 끌고 나가야 한다. 녹화일 때는 초집중을 해서 영상에 어떤 배경음악, 어떤 밈, 어떤 효과가 들어갈지를 고민하면서 촬영을 마친다. 촬영 영상을 넘긴 후에는 가편집본을 보면서 머릿속에 떠올렸던 것과 가편집본을 비교한다. 생각했던 것보다 나으면 OK, 생각했던 것이 더 나으면 수정 요청을 한다.

결론은 나의 경우는 머릿속에 콘티가 있다. 녹화 전에 준비하는 것이 아니라 녹화하는 중에 실시간으로 편집 콘티가 만들어지는 것이 최상이다.

촬영할 때 RPM을 올려라

나는 콘티에 관한 연구보다는 최대한 짧은 시간에 적합한 영상을 만드는 데 시간과 노력을 들이는 편이다.

촬영할 때는 기본적으로 목소리 톤이 높아질 수밖에 없다. 구독자 수가 많은 유튜버일수록 목소리 톤이 높다. 오랫동안 유튜브 영상을 확인하며 얻은 결론이다. 목소리 톤이 높으면 밝아 보이고 즐겁게 대화하고 있다는 인상을 준다. 반대로 목소리 톤이 낮으면 긴장감이 풀리고 냉정해 보인다. 밝은 이미지를 주고 집중도를 높이기 위해서는 목소리 톤을 높일 수밖에 없다.

촬영을 할 때는 최대한 RPM을 올려야 한다. 기운이 없을 때는 말이 막히고 발음이 안 좋다. 이런 날은 볼펜을 입에 물고 성경책을 읽는다. 한 페이지 읽으면서 버벅거리면, 버벅대지 않을 때까지 다시 읽는다. 그럼 평상시 발음으로 돌아오고 막히는 것도 없어진다. 각자 자신만의 텐션을 올리는 방법이 있을 것이다. 촬영 전에 기도를 하는 친구도 봤고 푸시업을 30개쯤 하는 친구도 봤다. 화장을 고치며 표정을 다듬는 친구들도 있다. 초보일 때는 최대한 짧게 촬영

한다는 각오로 텐션을 올려서 촬영하는 것이 조금 덜 힘이 든다. 영상에 쓸 수 있는 내용도 압도적 텐션이 올라온 곳에서 주로 나온다.

(((•)))
유튜브 각에 대한 감이 온다

영상의 사전 구성은 한 컷 한 컷을 고민하기보다 기승전결이 연결되는 정도면 족하다. 영상의 주키워드를 생각하라는 소리다. 유튜브 각에 대한 감은 경험을 통해 익혀야 한다. 일상적인 대화를 할 때도 자신이 강조하고 싶은 부분, 꼭 전달해야 하는 내용, 반드시 답을 들어야 하는 질문에서는 힘을 주기 마련이다. 그 감을 바탕으로 영상을 찍을 때 텐션을 올려야 할 부분인지 아닌지 판단하면 된다. 그리고 웃음이든 감동이든 스스로 느껴질 때는 길게 그 감정을 유지한다. 편집을 위해서 앞뒤 시간을 조금씩 벌어줄 수 있다. 익숙해지면 자연스럽게 찍으면서도 힘을 주어야 하는 부분들이 보일 것이다.

촬영 시에 최종 영상을 고민하고 최대한 높은 RPM을 유지하는 것! 이것을 기억하자.

촬영 포인트5:
유튜브에서 반드시 피해야 할 3적,
선정적·폭력적·혐오적

(((•)))
온라인 방송처럼 막 나갈 수 없다

예나 지금이나 온라인 생방송에 대한 우려의 목소리가 높다. 심한 욕설, 엽기적 행각 등이 시청자의 눈살을 찌푸리게 한다. 사실 BJ들이 활동하는 방송국의 제재는 비교적 세지 않은 편이다.

실제 방송에서 수위 높은 이야기가 오가면 운영자가 들어온다. 시청자 중 한 명이 '신고'를 누르면 운영자가 와서 제재 수준을 결정한다. 선정적이거나 폭력적인 내용의 정도가 심하면 채팅창에 운영자가 챗을 띄운다. "19금 걸겠습니다." 그럼 방송이 '19금'으로 바뀌고 19세 미만 시청자는 그대로 방에서 쫓겨난다. 이때 BJ가 방송 내용을 조정해서 '19금'을 내릴 수도 있다.

19금보다 방송 내용이 더 심각하면 운영자가 임의로 방송을 종료할 수도 있다. "운영자입니다. 선정성 방송으로 심의에 걸렸으니 방송 종료합니다." 챗이 뜨면 바로 방송이 끝난다. BJ에 대한 제재도 있다. 3번 경고를 받으면 7일 방송 정지, 그다음 3번은 한 달 정지다. 이후에는 영구 정지도 가능하다. 하지만 늘 보는 사람들이 보는 채널이기 때문인지 온라인 방송국의 제재 수준은 비교적 낮은 편이다. 그러니 온라인 방송에서 하던 식으로 유튜브에 진출했다가는 심의에 걸려 그대로 아웃될 수 있다.

(((•)))
유튜브의 자체 심의 기준을 명심하라

매일 엄청난 영상이 업로드되고 그 안에는 악의적인 영상들도 있을 수 있기 때문에 유튜브는 자체적인 콘텐츠 심의 기준을 가지고 있다. 매우 추상적이지만 전체적으로 '상식적인 수준의 제재' 범위를 지키고 있다. 일례로 과도한 노출 및 성적인 콘텐츠, 유해하거나 위험한 콘텐츠, 증오성 콘텐츠, 폭력적이거나 노골적인 콘텐츠, 저작권 위반 콘텐츠는 가이드라인 위반이다.

유튜브는 유튜브 봇이라고 알려진 AI가 '머신러닝(기계자동학습)'을 이용해 콘텐츠가 업로드될 때 콘텐츠의 내용을 한 번 스캔해서 거른다. 선정성의 기준이 무엇인지, 문화권마다 다른 표현에 대한 맥락을 제대로 구분하는지, 기준을 세우기 어려운 혐오·차별 콘텐츠는 어떻게 적용하고 있는지에 관해 갑론을박이 있지만 대체로 일반 정서에 반하는 내용은 걸러진다고 보면 된다.

실제 유튜브는 1년 동안 900만 건에 가까운 동영상을 삭제하거나 비공개 처리한다. 하루 9만 건이 넘는 양이다. 문제가 되는 동영상은 성 문제, 스팸, 혐오, 폭력, 위험 행위, 아동폭력, 테러 조장 순이다. 삭제된 영상은 재생되지 않고 공개되자마자 자동화 프로그램에 의해 삭제되는 경우가 76%, 나머지는 사용자의 신고에 의해 비공개로 분류된 후 삭제된다. 2019년 2월에는 아동을 보호한다는 취지에서 13세 미만 어린이가 등장하는 모든 동영상의 댓글을 차단한다는 규율이 새로 생겼다.

(((•)))

선정적이고 폭력적인 내용은 안 찍는 게 낫다

자체적인 필터링을 하고는 있지만 유튜브는 영상 검열과 숨어 있는 문제 동영상을 찾는 데 골머리를 앓고 있다. 일부러 선정적이고 폭력적이며 혐오적인 내용을 찍는 유튜버가 얼마나 되겠냐마는, 공개된 플랫폼이기 때문에 100의 하나, 1,000의 하나라도 문제는 심각하다. 그래서 최대한 주의를 기울이려는 것으로 보인다.

같은 기획이라도 촬영 기법에 따라서 영상은 다르게 나온다. 1인 미디어의 반도덕적 콘텐츠와 표현의 자유 사이에는 많은 갈등 요소가 있다. 하지만 다수의 시청자들에게 영상물을 보이기 위해서라면 가이드라인은 준수하는 것이 좋다.

앞에서도 나온 이야기지만 유튜브에서 19금으로 분류된 영상은 수익 창출이 안 되게 노란 딱지가 붙는다. 나도 외국 유튜버와 콜라보래이션을 한 영상으로 노란 딱지를 받은 적이 있다. 영상이 올라가고 30초 만에 19금 노란 딱지가 붙었다. 바로 내리고 재편집을 했다. 노란 딱지가 붙은 영상은 채널을 검색해서 들어오지 않으면 볼 수 없다. 새로운 시청자의 접근을 허용하지 않는다. 유튜버가 우체국에 가서 시청자에게 편지를 붙였는데 우체국에서 편지를 배달하지 않고 커트시키는 것과 같다. 유튜버 입장에서는 영상 하나로 구독자가 내려가는 경우도 많다. 퍼지지도 않고 수익 발생도 안 되는 영상을 굳이 만들어서 자신을 깎아먹을 필요가 있을까 싶다.

도덕적으로 혹은 양심적으로 그 영상을 찍는 게 맞는 것인지 고민이 된다면 안찍는 게 맞다.

편집 포인트 1:
나만의 방식을 찾기까지
시행착오는 필요하다

<((•))>

처음부터 너무 많은 걸 담으려 하지 마라

초보자들이 계정을 만들고 영상을 올릴 때는, 기본적인 도움말은 참조해야 한다. 유튜브에는 초보 유튜버를 위한 강좌가 많이 있다. 편집은 영상 강좌를 통해서 좀 배워야 제대로 할 수 있다. 간단한 영상은 영상 강의 몇 편만 보아도 무리 없이 제작이 가능하다. PC를 이용한 영상 편집이 어렵다면 키네마스터, 픽셀럽, 이레이저 등 스마트폰으로 할 수 있는 프로그램도 있다.

편집에서 초보자에게 강조하고 싶은 부분은 '너무 많은 것을 담으려고 애쓰지 마라.' 하는 것이다. 처음부터 영상에 너무 많을 힘을 주다 보면 1시간 촬영물을 10분으로 편집해 올리는 데 편집만 2~3일이 걸리는 상황이 된다. 이런 식으로는 1주일에 2개의 영상을 올리는 것이 무리다. 기존 영상만큼 높은 퀄리티를 위해 효과도 넣고 짤도 넣고 큰 자막도 넣고 싶겠지만 그 정도 완성도를 따라가기에는 아직 무리가 있다. 전업 편집자가 하루를 작업해야 만들 수 있는 콘텐츠다. 처음에는 최대한 쉽게 수월하게 편집하는 것이 관건이다. 1주에 1~2개를 올리기 위해서는 욕심을 조금 내려놓아야 한다.

나도 유튜버를 시작한 초기에는 직접 편집을 해서 영상을 올렸다. 그래봐야 생방송을 녹화해 잘라서 올린 거지만 그래도 몇 백 개의 영상을 편집해보았다. 지금 와서 생각하면 진즉에 제대로 정신

차리고 영상을 올렸으면 지금보다 더 나은 상태가 되었으리라 후회도 하지만, 당시 내가 올린 영상들은 채널 확장에 좋은 자원이 됐다.

유튜버의 수익은 영상의 구독자가 1,000명, 1년 누적 시청 시간이 4,000시간 이상이 되었을 때 발생한다. 채널에 영상이 10개인 것과 1,000개인 것은 큰 차이다. 그리고 시청자에게 채널을 알리기 위해서는 주기적으로 영상이 올라와야 한다. 유튜브의 인공지능 입장에서도 주기적으로 영상을 올리는 채널을 먼저 소개하고 싶을 것이다. 꾸준히 영상이 올라가야 추천 영상으로 뜰 확률이 높아진다. 처음에는 정해진 스케줄을 소화한다는 것을 목표로 하고, 편집에 대한 욕심은 차차 채우기로 한다.

(((•))) 편집은 하면 할수록 는다

편집은 전문가의 영역이라고 생각하는 일반인이 많다. 스마트폰으로 촬영은 해봤지만, 편집까지 해본 이들은 많지 않기 때문이다. 하지만 편집도 전문가의 영역에서 벗어난 지 오래다. 초보자도 배우면 얼마든지 할 수 있다. 처음에는 다른 사람의 편집을 많이 보는 게 최선이다. 그대로 따라 하면서 편집 실력을 키울 수 있다. 몇 편만 따라 해보면 유튜브 편집에도 패턴이 있다는 것을 알 수 있다. 예를 들면 앞에 5초에 힘을 주는 방법, 알맞은 효과음 넣기, 서치를 대비한 구획 나누기를 차차 배우게 된다.

편집은 자르고 붙이는 것이 기본이다. 그런데 처음에 촬영을 해 보면 쓸 영상이 없다. 다른 유튜버들을 보면서 눈높이가 높아진 경우는 더 그렇다. 사족을 잘라내고 일정한 톤을 유지하면서 붙이다 보면 구멍이 숭숭 보인다. 이를 메우기 위해 재촬영을 하고 싶은 강한 욕구에 시달릴 수도 있다. 가장 먼저 텐션을 일률적으로 맞추는 것이 얼마나 어렵고 중요한지 배우게 된다.

초보 편집자들이 가장 어려워하는 것은 효과인데, 요즘은 템플릿 시대다. 소스만 집어넣으면 완성된 형태의 동영상이 나온다. 비디오하이브videohive라는 곳을 들어가 보면 이미 만들어진 수많은 효과를 볼 수 있다. 너무 잘 만들어서 내 영상에 넣기가 부담스러울 지경이다. 가격도 몇 만 원 사이로 저렴하다.

어느 정도 편집이 손에 익었을 때는 원하는 스타일을 만들기 위해 공을 들여도 된다. 나도 스틸 영상을 줌아웃으로 바꾸기 위해 1시간을 끙끙거린 적이 있다. 하다 보니 시간도 줄고 스킬도 늘었다.

(((•)))

애정이 있으면 더 빨리 는다

전문 편집자를 고용할 때는 이왕이면 애정이 있는 사람을 추천한다. 나도 뭣 모를 때 외주 편집자를 구해서 처음 손발을 맞춰봤다.

그때 남의 손에 내 작업을 맡긴다는 것이 얼마나 힘든 것인지 알았다. 편집자는 내가 될 수 없다. 생각도 애정도 같지 않다. 그러니 호흡을 같이 할 수 있는 파트너를 잘 선별해야 한다. 돈만 보고 움직이는 사람과는 손발을 맞추기가 어렵다. 내 채널을 이해하고 거기에 관심이 있고 애정을 가진 사람이 최선이다. 편집자로서의 능력은 다음 참고 사항이다.

(((•)))
마지막에는 내 끌리는 대로 가라

나는 편집도 내 끌리는 대로 한다는 것이 원칙이다. 남들이 뭐라고 해도 최적의 구도와 최고의 가독성을 위해 내 끌리는 대로 바꾼다. 시간이 얼마가 걸려도 상관없다. 맘에 들 때까지 간다. 처음에는 호흡을 맞추는 데 오래 걸렸는데 이제는 꽤 잘 맞는다.

내 자신감은 내 채널은 내가 잘 안다는 믿음에서 나온다. 어떤 게 재밌고 어떤 게 인위적으로 느껴지는지도 내가 제일 잘 안다. 이쯤되면 내가 채널이고 채널이 나다. 내 주관대로 가는 게 최선이다.

시작하는 유튜버로 편집에 대한 확신이 없다면 시행착오를 겪을 것이다. 그러다 알게 될 것이다. "내가 하고 싶은 걸 해야 한다." 아버지의 유언처럼 생각하고 밀고 나갔으면 좋겠다.

편집 포인트 2:
시청자의 참을성은 3분 30초까지,
길어도 10분을 넘지 마라

(((•)))
빠르고 짧은 영상에 길들여진 시청자

딱 시청 시간만 놓고 편집자들은 고민한다. "긴 영상을 올리면 개수를 덜 올려도 되는데…" 이왕이면 재미도 있고 영상도 길면 좋겠지만 둘 중에 하나를 선택하라면 재미가 우선이다. 시간은 그 다음이다. 재밌으면 많이 보고 많이 보면 시청 시간이 늘어난다. 재미없고 긴 영상은 시청자들이 빠르게 돌려 일정 구간만 본다. 그럼 시청 시간에 포함이 안 된다.

구체적으로 어느 정도의 시간이 좋을까? 3분 30초가 가장 안전하다. 조금 여유를 둔다면 5분도 괜찮다. 10분은 넘기지 않는 것이 좋다. 안타깝게도 시청자들은 점점 짧은 영상에 길들여지고 있다.

최근 유튜브의 아성에 도전하는 미디어가 있으니 바로 '틱톡'이다. 틱톡은 밀레니얼 세대(1980~2000년 출생 세대)를 중심으로 유튜브의 아성을 위협하고 있다. 게다가 틱톡 이후 '15초 동영상' 채널들이 본격적으로 등장하고 있다. 인스타그램 스토리가 대표적이다. 아이돌 안무를 그대로 따라 해 15초 동영상으로 올리는 해시태그 캠페인도 있다. 한국뿐만 아니라 동남아시아 사용자들도 늘고 있다고 한다. 틱톡과 인스타그램 스토리가 타깃으로 하고 있는 밀레니얼 세대들은 거리낌 없이 "요즘은 2~3분 영상도 길게 느껴진다."고 말한다.

이를 반영해 최근 모바일 미디어에 기반을 둔 동영상 플랫폼들이 15초 플랫폼을 만들고 있는 것이다. 스마트폰과 삼각대로 촬영해서 앱을 통해 자막과 효과를 집어넣어 업로드를 하는 것에 평균 30분이 걸리지 않는다고 한다. 모바일 앱이니만큼 언제 어디서든 동영상을 만들 수 있는 장점도 있다.

이제 유튜버는 BJ가 아니라 15초 플랫폼의 콘텐츠들과 경쟁해야 한다. 당분간은 맘 놓고 콘텐츠 시간을 늘리기는 어려울 것으로 보인다.

(((•)))
당신의 참을성도 그리 길지 않다

내가 소통하는 밀레니얼 세대와 Z세대(2000년대 이후 출생)는 스마트폰 반응 속도에도 굉장히 민감하다. "Z세대의 평균 집중 시간은 8초"라는 연구 결과를 보고 놀랐던 기억이 있다. 요즘은 3040세대도 걸어다니면서 동영상을 보기 때문에 2~3분짜리 영상에 익숙해지고 있다.

한 번은 보겸TV에서 시청자들의 시청 시간을 분석해보았다. 유튜버 시청자들은 보통 10분 안팎까지는 집중도를 유지한다. 자극적인 소재에 결말이 안 나왔을 때는 끊었다 다시 보는 한이 있어도 끝까지 본다. 그런데 방송이 10분을 넘어서서 20분까지 늘어져 버리면 뒤로 돌려서 결말만 보는 시청자들이 많다. 그래서 편집을 할 때도 10분대 초반까지를 최종 데드라인으로 두고 편집을 한다. 15분 이상 넘어가는 영상은 아주 드문드문 올린다.

물론 영상이 길면 앞뒤 광고 외에 중간 광고를 넣을 수 있어 수익 면에서 유리하다. 중간 광고는 앞뒤 광고보다 단가(1.6~1.7배)도 높다. 하지만 재미가 없으면 이것도 시청자들이 방송을 보는 데 허들로 작용할 수 있다. 재미가 없으면 수익도 없다.

초보자라면 시청자의 참을성을 시험하지 않는 것이 좋다. 한방에 긴 영상으로 승부를 보기보다는 꾸준한 업로드로 개수를 늘려가는 편이 낫다.

편집 포인트 3:
허접해 보여도 채널 맞춤 포맷이 '좋아요'를 받는다

(((•)))
'뜬금없음' 금지! 이해도가 생명이다

편집에서 내가 중시하는 것은 이해도다. 명분이 있어야 한다. 아무리 속도감 있게 빠르게 진행되는 것이 요즘 유행이라고 해도, 나는 이해도만큼은 양보할 수 없는 편집의 기준선이라고 생각한다. 슬쩍 슬쩍 봐서 이해되는 것도 중요하지만 영상을 보고 있을 때 뜬금없다는 느낌을 받지 않도록 해야 한다. 시청자가 중간에 "이게 왜 이러지?" 하고 의문을 갖기 시작하면 찬찬히 끝까지 영상을 볼 수 없다. 모든 영상에는 명분이 있어야 한다.

일례로 실험을 하나 하려고 해도 명분이 있어야 한다. '수수깡으로 의자 만들기' 이걸 왜 해야 할까?

"게임을 맨날 하는데 의자가 부서졌다. 맨날 사고 맨날 부서지는 의자. 실제 게임을 하면서 의자가 많이 부서졌다. 내가 직접 내가 앉을 튼튼한 의자를 만들어보겠다. 오늘의 소재는 견고하고 화려한 수수깡이다!"

이렇게 실험을 하는 이유를 알려주고 '척척박사 보'를 방송했다. 수수깡 박스 10개를 쌓아 놓고 웬만한 게임용 의자보다 더 두껍고 단단한 의자를 만들겠다고 끙끙댔다. 마지막에는 화학과 출신임을 자랑하며 기상천외한 아이디어를 보내달라는 멘트를 날렸다.

(((•)))
하나의 중심 포맷이 필요하다

    한 채널의 영상 몇 개만 봐서는 사실 이 영상에 무슨 포맷이 있는지 알 수 없다. 4~5개 이상 영상을 봐야 일정한 패턴을 확인할 수 있다.

    보겸TV의 경우 첫 멘트는 언제나 "여러분 보이루."이다. 배경음악으로 짜잔 하는 효과음이 들어간다. 그 사이 "보이루"를 여러 번 반복한다. 편집의 특징은 문장과 문장 사이를 잘라내서 소위 '마'라고 하는, 소리가 없는 구간을 들어내는 것이다. 누구나 말을 할 때는 숨을 쉬기 위해 짧게 끊는 구간이 있는데 여기를 0.5초 정도 들어내서 매우 속도감 있게 이야기하는 느낌을 준다. "코와이네." 같은 〈원피스〉 짤도 자주 넣는데, 한 번에 같은 짤을 여러 번 반복해서 넣는 것도 특징이다. 자막은 하단에 크게 들어가는데 말을 다 써넣지 않고 내용을 중심으로 축약해서 넣는다. 나는 순서를 나열하면서 정리해주는 것도 좋아한다. 자막으로 순서를 보여준다. 텐션을 차례로 올리거나 내리는 것도 자주 애용한다. 여러 유행어를 사용할 수 있는 것은 보겸TV의 강점 중의 강점이다.

    사실 처음부터 이런 편집 스타일을 확정하고 시작한 건 아니다. 이렇게 정리된 것을 내가 의식한 것도 얼마 되지 않았다. 다른 유튜버가 보겸TV를 따라 한 것을 보고 "저런 식으로 편집이 정형화 됐

구나."를 느꼈다. 남들이 쉽게 카피할 정도면 포맷이라 할만한 틀이
확정된 상황이라 하겠다.

내게 맞는 포맷을 만들라

100개 채널을 보면 100개 채널이 다 다르다. 그런데 그 안에 담
긴 패턴은 대충 5~6개로 나누어 분류할 수 있다. 자신에게 맞는 포
맷을 찾아가는 과정에서 충분한 선택지가 있다는 이야기다.

편집을 할 때 컷과 컷을 붙이는 간격과 속도, 자막 스타일, 배경
음악, 들어가는 자료들의 느낌 정도는 정하는 것이 좋다. 서체나
자막 스타일 등은 몇 개 패턴을 정해놓고 사용하면 유용하다. 물론
자신이 말하는 텐션과 속도, 몸동작 등과 어울리는 것으로 골라야
한다. 이런 것들이 합쳐서 채널 포맷을 만들어낸다. 이후로는 조금
씩 변용을 하면서 포맷을 잘 유지하는 것이 좋다.

익숙함과 새로움이 상반된 것 같지만 함께 가야 한다. 포맷은 익
숙한 것이 좋다. 자신이 보고 있는 채널이 어떤 채널인지 알 수 있
도록 동일한 패턴을 유지해줘야 한다. 아이디어나 콘텐츠는 새로
운 것이 필요하다. 맨날 같은 이야기가 반복되면 지루하다. 캐릭터
는 같지만 콘텐츠는 달라야 한다.

편집 포인트 4:
고화질, 고용량, 고퀄이 최선은 아니다

(((•))) 별것 아닌 이 영상에 들어가는 노동 시간은?

모든 독자들은 책의 저자가 한 번에 모든 글을 썼다고 착각한다. 모든 시청자들도 모든 동영상이 한 번에 쭉 만들어진 줄 안다. 사실 저자가 책을 쓰는 방식은 퀼트 보자기가 만들어지는 것과 비슷하다. 부분 부분을 만들고 하나로 연결한다. 동영상도 부분 부분이 모여 하나의 이야기가 된다. 그 사이에 많은 시간과 노력이 들어간다.

해놓고 보면 별것 아닌 것이 많다. 책은 그나마 낫다. 영상은 정말 어이가 없다. "에게, 고작 이걸 하려고?" 웃음이 나올 때도 있다.

내 영상들은 마치 당장 찍어 올린 것 같은 편안함이 있다. 물론 보슐랭 가이드처럼 각잡고 TV 정규 프로그램처럼 고퀄리티로 찍을 때도 있지만, 영상의 대부분은 쉽게 볼 수 있는 약간 B급 감성이다. 하지만 이런 영상도 촬영을 한 후 편집을 하는 데 꽤 많은 시간이 들어간다. 편집을 하고 끝나는 것이 아니라, 제대로 되었는지 확인한다. 혹시라도 문제가 될 화면은 없는지 체크한다.

이 사실을 초보 유튜버에게 알려주면 반응이 대부분 '갑분싸'다. 이해를 못 한다. 평균 5분 길어야 10분 안팎의 영상에 이 많은 노동 시간이라니… 게다가 내 채널의 영상은 고퀄리티의 고화질 영상이라고 보기 어렵다. 더욱 이해를 못 한다.

(((•)))
시대에 맞는 감성을 찾자

시대만의 감성이라는 것이 있다. 그리고 상황에 맞는 감성이라는 것이 있고. 어떤 콘텐츠는 고화질에 완벽한 촬영, 전문적인 편집으로 만들어야 하는 것도 있겠지만, 내 채널은 그런 콘텐츠와는 다르다. 못해서 안 하는 건 아니다. 보겸TV는 늘 옆에 있는 친근한 채널이다. 실제 TV 방송처럼 완벽한 영상은 나의 지향점이 아니다.

나는 B급 감성을 좋아한다. 때로는 조잡하고, 때로는 촌티가 흐르지만 정감 가는 그런 감성. 이런 것들은 편안하면서도 사람을 웃게 만든다. 요즘 말로 '병맛'이라고도 하는 그 감성이다. 대놓고 깔깔거리지 않아도 피식 웃음이 나오는 정도면 괜찮다.

나는 롯데타워에 드론을 띄우고 거창한 미션을 성공 시켜 감탄을 자아낼 생각은 없다. 실생활에서 찾을 수 있는 궁금증을 해결하고 오늘 있었던 일들을 공유하는 정도다. 수수깡으로 의자를 만드는데 어마어마한 촬영, 편집 기술은 필요 없다.

대부분 시청자는 "이 정도 영상은 나도 만들겠네."라며 보겸TV를 시청한다. 부담이 없다. 경계를 허물고 쉽고 편하게 시청자들이 들어오는 것도 이런 감성의 장점이다. 사람들이 공감할 수 있는, 시대에 맞는 감성을 찾는 것이 중요하다.

(((•)))

그럴듯한 것에 넘어가지 마라

유튜브가 뜨거운 시장이 되면서, 전문직 지원자들도 많아졌다. 의학, 약학, 법률, 건강 등 유튜버에게 전문 분야가 있다 보니 콘텐츠는 차고 넘친다. 생업이 있어서 촬영과 편집도 스튜디오를 빌려 부담 없이 한다. 여유가 있는 상황이다 보니 처음부터 '다 갖추고 만든 영상'이 올라오기도 한다. 남들에게 내놓았을 때 창피하지 않은 수준으로 영상의 퀄리티를 맞춘다. 내용도 그렇다. 밝고 경쾌하지만 어그로가 없다. 아침방송에 나올 법한 콘텐츠들이 쌓여간다.

그런데 이런 영상들을 보고 있으면 이게 유튜버가 그토록 바라던 '자기가 하고 싶은 것'이었을까 하는 생각이 든다. 공중파에 가기 위해서 밑밥을 깔고 있는 걸까 하는 추측도 해본다.

아침방송을 보는 시청자들은 아침방송을 TV로 본다. 비슷비슷한 콘텐츠들이 넘쳐난다. 자기 색깔이 없이 전문적인 내용을 읽고 있는 유튜버에게 공감대를 느끼거나 진정성을 느끼는 시청자들은 없다. 자기를 보여주기 위해 유튜브를 선택했다면, 표현되도록 해야한다.

너무 그럴듯한 것에 넘어가지 마라. 아무것도 아닌 것이 되기 십상이다.

편집 포인트 5:
애매하다면 버려라,
그것도 확실하게 버려라

(((•)))
정기적으로 하드를 비운다

영상의 최종본은 외장 하드 하나에 저장해 놓는다. 그리고 정기적으로 쓸모없는 영상들은 지운다. 의외로 지울 영상들이 많다. 그중에는 가편집본도 있고 최종 완성본도 있다.

초창기에는 영상의 개수가 굉장히 중요했다. 시청자들에게 하나라도 더 보일 수 있도록 완성도가 떨어지는 영상도 볼거리로 올렸다. 하지만 누적 영상이 쌓이고 구독자가 늘어나면서 모든 영상을 다 올리겠다는 욕심을 내려놓게 됐다.

최근에는 편집까지 마쳤지만 업로드가 안 된 영상들을 주기적으로 정리하는 일도 한다. 버릴 땐 확실히 버린다는 주의다.

(((•)))
사고 영상은 땜빵이 안 된다

버리는 영상을 들여다보면 종류가 다양하다.

사전 검열에 걸리는 경우가 가장 많다. 촬영을 하다가 우연히 유튜브 제재에 걸릴만한 내용이 들어갈 때가 있다. 촬영 전에 폭력성, 선정성, 혐오성 내용은 안 하겠다고 거르지만 촬영장에서는 그게 잘 안된다. 텐션을 올려서 이야기를 하다 보니 다시 볼 때 문제가 될 것을 감지하는 경우도 많다. 일단 문제의 소지가 있다고 판단되면 편집을 진행하지 않는다. 영상을 올렸는데 19금 노란 딱지가 걸리면 기존 구독자도 못 보고 성인 인증도 필요해져서 시청자들이 매우 불편해한다. "19금 걸렸네. 뭐야, 졸라 궁금하기만 하고 인증하기는 귀찮고…"라며 불평을 할 수도 있다. 올렸다가 다시 내리느니 안 올리는 편을 선택한다.

다음은 땜빵을 하려다가 망한 경우다. 한 번은 일본에 가서 브이로그를 찍었다. 호텔 방에서 트라이포드를 세우고 치킨과 밥을 비벼 먹었는데 촬영본을 보니 속옷이 보였다. 아주 적나라하다고 할 수준은 아니어서 가편까지 해보았다. 그런데 모자이크로 땜빵을 하려니 화질이 너무 떨어졌다. 그렇다고 모자이크를 안 하고 올리자니 거시기 했다. 그대로 하드에서 사라졌다.

기승전결이 안 맞는 영상도 하드에서 사라진다. 게임을 했는데 난삽하고 시끄럽기만 하고 특별한 거리가 없으면 편집을 해도 올릴 수가 없다. '가나다라'까지 가다가 갑자기 '타파하'로 연결되는 식은 곤란하다. 아무리 짧아도 기승전결이 확실히 나와야 한다. 맥락 없음으로 걸러지면 그대로 아웃이다.

(((•)))

설레지 않으면 버려라

최고의 컨디션으로 가장 기분 좋을 때 촬영을 한다고 해서 다 업로드용으로 쓰지는 못한다. 여러 가지 이유로 영상을 버리는 경우가 생긴다. 솔직히 촬영한 영상을 버릴 때는 나도 속이 쓰리다. 하지만 영상 하나가 잘못 올라가서 구독자들의 눈쌀을 찌푸리게 한다면 올리지 않느니만 못하다. 콘텐츠가 좋고 어그로를 끌 수 있어도 과감하게 버린다.

구독자가 200만 명이 넘어갈 때부터 영상 컨펌에 열을 올리기 시작했던 것 같다. 철저히 그리고 꼼꼼히 영상을 컨펌했다. 그리고 맘에 안 들면 과감하게 포기할 줄도 안다. 300만 구독자쯤 됐을 때는 이미 많은 실험을 마쳤다. 영상을 올렸을 때 플러스와 마이너스를 예측해서 결정한다.

말은 그럴듯하지만 결론은 간단하다. 일단 내 맘에 안 들면 안 올린다. 최소한 스스로 만족하는 영상을 올리도록 노력하자. 이상!

"주당 52시간 유튜버로 성공할 수 있을까요?"

"주 52시간으로 성공할 수 있을까요?"

"대한민국에 주 52시간으로 성공하는 직장이 있습니까?"

"없을 것 같은데요."

"그럼 답 나왔네요. 즐기고 싶다면 시간이 적어도 괜찮습니다. 성공하고 싶다면 시간 계산 따위는 집어치워야 합니다."

주 52시간 근로가 본격 시행되면서 투잡을 꿈꾸는 직장인이 늘고 있다. 자신의 일상생활을 블로그에 기록하는 것처럼 영상으로 올리는 브이로그vlog도 인기몰이 중이다. 보는 시청자들도 좋아한다. 사무직원들의 소소한 일상으로 시작됐던 브이로그가 최근 간호사, 변호사, 약사, 공무원까지 퍼져나가고 있다. 감각적인 영상에 개인의 일상을 담으면서 일과 취미를 병행하는 이들이 느는 것은 환영할만한 일이다.

하지만 유튜버로 성공을 꿈꾸면서 노동 시간을 고려하는 것은 무리가 있다.

유튜버로서의 성공이란 어떤 것인가? 최소 구독자 수 1,000명, 누적 시청 시간 4,000시간을 채워야 '파트너 프로그램'에 가입할 수 있다. 이후로도 수익이 어느 정도 발생하려면 구독자 수와 누적 시청 시간이 꾸준히 늘어야 한다. 주에 52시간만 일한다는 각오로는 그 지점에 도달하기까지도 상당한 세월이 걸릴 것이다.

세상에 주 52시간씩 일해서 성공할 수 있는 일이 얼마나 있을까 싶다. '1만 시간의 법칙'을 알 것이다. 어떤 분야의 전문가가 되려면 최소한 1만 시간 정도의 훈련이 필요하다는 이야기다. 1만 시간은 하루에 3시간씩 훈련을 해도 10년이 걸리는 시간이다. 10시간씩 투자를 해야 3년으로 단축된다. 10시간씩 3년을 투자할 정도라면 어지간히 간절하거나 좋아하는 일이 아니고서는 힘들다. 주당 52시간을 운운하는 사람에게 그런 열정이 있는가 묻고 싶다.

무언가가 돼보기 전에는 일의 특성과 어려움을 알기 어렵다. 유튜버가 3D 직업이라고 말하지는 않겠다. 하지만 보이는 것만큼 화려하고 쉬운 직종도 아니다. 본인의 일을 하면서 취미로 시작해 즐기면서 하면 오래 할 수 있지만 성공하겠다는 각오로 모든 것을 다 걸고 시작했다가는 금세 나가떨어질 수밖에 없다.

질문을 받고 계산해 보니 나의 주당 근무 시간은 100시간이 넘는다. 토요일, 일요일도 쉬지 않는다. 눈뜨면 시작이다. 일로 생각하면 이렇게 살 수 없다. 좋아하고 하고 싶은 일이기 때문에 이 사이클로 8년을 살 수 있었다. 신문에서 떠드는 유튜버의 화려함에 속지 않기를 바란다. 0.00001의 가능성을 실현시키기 위해선 본인의 노력과 열정이 필요하다. 52시간 운운할 바에는 시작도 않는 게 낫다.

정말 좋아하고 잘하는 것을 한다면, 1시간으로 충분할 수도 있다. 진짜 좋아서 시작한다면 시간은 문제가 아닐 것이다.

Chapter
04

▶ 300만 유튜버 이거 실화냐?

넘사벽 유튜버가 되는 시크릿 노하우

홍보 포인트 1:
최고의 마케터는 가조쿠였다

(((•)))
"첫 스노우볼을 굴려 주신 보겸 형께
감사의 말씀 올립니다"

2016년 블리자드 게임 컨벤션인 블리즈컨 대회의 '오버 워치 월드컵'에 출전한 한국대표팀이 상대에게 한 세트도 내주지 않고 초대 우승을 차지했다. 2위인 러시아의 세트 전적은 10승 6패로 압도적 우승이었다. 한국의 퍼펙트 우승과 함께 한국팀 미로(공진혁) 선수가 대회 MVP를 수상해 화제가 되기도 했다. 미로 선수는 기념 인터뷰에서 인상 깊은 말을 남겼다.

"마지막으로 시청자, 팬들이나 가족분들한테 하고 싶은 말을 해 주세요."

"이 자리에 올 수 있도록 지속적으로 도움을 주시고, 첫 스노우볼을 굴려 주신 보겸 형님에게 정말 감사의 말씀 올립니다. 감사합니다."

당시 통역을 담당하면 분이 "보겸?"이라고 물었다. 전 세계인에게 매우 낯선 이름이었을 것이다. 미로는 "보겸."이라고 대답했다.

그 순간이 내게는, 1인 방송을 한 7년 동안 가장 보람 있고 감동적인 순간이었다.

(((•)))
가조쿠들이 다 주었다

"지금의 보겸TV를 만든 것이 누구냐?"라고 묻는다면 나는 주저 없이 "가조쿠."라고 답할 수 있다. 나는 〈원피스〉의 흰 수염이 원피스와도 바꾸지 않을 만큼 소중하게 생각했던 가조쿠를 얻었고, 가조쿠들은 나를 지지하고 응원해주었다.

2016년 나는 '오버워치 게임단'을 창단했다. 처음에는 오버워치 게임을 좋아하는 팀을 꾸릴 생각이었다. 그 팀으로 에이펙스 리그에 지원하고 싶었다. 공지를 하자 가조쿠들이 많이 연락을 해왔다. 프로 게이머는 아니지만 은둔형 고수쯤 되는 가조쿠들이 쪽지를 보내왔다. 그렇게 알게 된 대여섯 명이 팀을 꾸렸다. 가장 먼저 나간 게임은 아프리카TV에서 진행하던 리그였다. 솔직히 워낙 쟁쟁한 참가자들이 많이 나와서 예선 탈락에 그칠 줄 알았다. 그런데 예상을 뒤엎고 2등을 했다. 기분이 정말 좋았다. 개인적으로 팀원들과 이런저런 이야기를 할 여유가 생겼다. 그때 팀원들이 오버워치를 얼마나 좋아하는지 알게 됐다. 그리고 게임에 매진하고픈 그들의 열정도 느끼게 됐다.

나를 사랑하고 지지해준 가조쿠들에게 뭔가 도움이 됐으면 좋겠다는 생각에 아무것도 모르고 게임단을 창단했다. 팀의 게임 성적은 예상외로 상당히 좋았다. 아프리카TV 리그 1달 후에 진행된, 오

236 ‖

버워치 블리자드에서 진행한 에이펙스 대회에서도 2등을 했다. 숨은 고수들이었고 굉장히 열심히 했다. 나는 팀원들에 비해서는 실력이 한참 모자라서 감독 겸 후보 1번으로 참여했다.

게임단 운영은 특별한 후원이 필요한 것은 아니었다. 숙소 지원과 식비, 장비 세팅이 전부였다. 그래도 장정 여럿을 돌보는 데는 상당한 후원금이 들어갔다. 혼자서 감당하기에는 버거운 금액이었지만 가조쿠들과 함께해서 즐거웠다.

선수들이 승승장구하면서 "일개 개인이 왜 프로게임단을 창단했냐."는 질문을 많이 받았다. 사실 야구단이나 축구단 운영도 PR을 위해 하는 거지 수익을 위한 일은 아니다. 나는 가조쿠들의 꿈을 응원하고 싶었고 게임 발전에도 기여하고 싶었다. 게임단을 통해 게임하는 친구들의 이미지도 바꿔보고 싶었고.

팀원들이 다른 팀으로 이적할 정도의 프로필과 성과를 만들었을 때 자연스럽게 구단은 해체됐다. 2016 블리즈컨 대회에서 한국 팀이 우승을 한 것은 그 뒤의 일이다. 생방송으로 미로의 인사를 듣는 순간 마음이 뭉클했다.

(((•)))
"여기 종교집회 아닙니다!"

1인 방송은 대부분 온라인에서 소통하고 대화하지만 나는 오프라인에서 가조쿠를 만나는 일도 좋아한다. 번개 모임도 최대한 자주 가지려고 한다.

2014년에는 아직 군산에 집이 있을 때였는데 '오늘 형 환전한다! 강남 고속터미널에서 만나자.'는 긴급 공지를 띄웠다. 그리고 별 생각 없이 터미널 지하상가에 갔는데 250여 명의 가조쿠들이 모여 있었다. 여름방학이어서 더 많이 왔던 것 같다. 학생들이 모여 있고 소란하니 경비 아저씨가 쫓아왔다. 공공장소에서 종교집회를 하면 안 된다고 나가라고 했다. 같이 밥 먹을 곳을 겨우 찾아 들어갔다. 강남 토다이였다. 밥도 먹고 이야기도 나누며 즐거운 시간을 보냈다. 식대만 800만원이 나왔다. 여기에 지방에서 나를 보겠다고 올라온 친구들 30~50명의 차비를 쥐어주고 나니 카드 잔고는 군산으로 돌아갈 수 있을 정도의 차비만 남았다. 주머니는 비었지만 마음만은 여느 대기업 회장님이 부럽지 않았다.

영화를 함께 보러 간 적도 있다. 2016년 12월에는 좋아하는 〈원피스〉 극장판이 개봉돼서 일단 모여보라고 했다. 영화관 앞에 500명이 넘는 가조쿠들이 모여 있었다. 고등학교 조회 시간같이 '훈화 말씀'을 던지고 가조쿠들과 함께 영화를 보았다. 영화 티켓에만 소형 중고차 값이 들어갔다. 받은 것을 돌려준다는 생각을 하면 가조쿠들과 나누는 것이 하나도 아깝지 않다.

가조쿠들과 소소한 것을 나누는 것은 내 채널의 주요 이벤트이기도 하다. 유아원을 찾아가기도 하고 어려운 가조쿠를 직접 찾아 나서기도 한다. 내가 좋아하는 아이폰이나 컴퓨터, 겨울 패딩 등을 나눈다. 가조쿠들이 기뻐하면 나도 좋다.

내가 생각하는 유튜브의 이상향은 '선한 영향력을 끼치는 매체'이다. 나 역시 선한 영향력을 끼치는 유튜버가 되고 싶다. 방송을 8년쯤 하니 "형, 마이크 소리에 잡음 엄청 들어가는 방송 듣고 자랐는데 이제 대학 졸업했어요."라는 인사도 듣게 됐다. 가조쿠들과 함께 나이 들어간다는 것을 느낀다.

(((•))) 시청자와의 소통에서 시작하라

유튜버들에게 시청자들을 끌어오는 것은 사활을 건 문제다. 시청 시간 맞교환이나 채널 홍보를 위해 돈을 지출하는 '유튜버를 위한 마케팅'도 있다. 독설을 날리자면, 그럴 시간과 에너지는 콘텐츠를 기획하거나 시청자들과 소통하는 데 쓰라고 하고 싶다.

초창기일수록 구독자와의 소통이 중요하다. 그런데 유튜버 중에는 댓글 관리도 안 하는 사람들이 있다. 올려놓기에 급급해 시청자들의 감성은 챙기지를 못한다. 소통을 잘하는 것은 유튜버의 주요 자질이다. 댓글을 꾸준히 보고 대댓글로 이야기를 나눠야 한다. 그렇게 팬들을 한 명씩 알아가야 한다.

시청자를 알고 나를 알아야 팬심을 확보할 수 있다. 유튜브 계정을 통해 내 채널의 시청자 분석도 해봄직하다. 유튜브 계정에 들어가면 개요, 시청자 도달 범위, 시청자 관심도, 수익 창출 등이 뜬다.

수익 창출에만 집중하지 말고 시청 시간, 조회 수, 구독자 창출도 유심히 살펴보길 권한다. 콘텐츠 시청 통계에서 구독자들이 좋아하는 콘텐츠를 확인하면 시청자와의 소통도 수월해진다.

(((•))) 최고의 마케터, 가조쿠에게 집중하라

요즘은 연예인에 대한 팬심만큼 유튜버를 향한 팬심도 대단하다. 스웨덴 출신 퓨디파이의 2019년 4월 구독자 수는 9,470만이다. 그런데 몇 년 전부터 그의 독보적인 구독자 수를 막상막하로 따라오는 유튜버가 생겼다. 음악 관련 콘텐츠를 주로 올리는 인도의 방송사인 T-시리즈가 그 주인공이다. 퓨디파이의 아성에 도전을 하다 보니 로봇으로 구독자 수를 조작했다는 소문이 돌기도 했다. 그러는 사이 퓨디파이와 T-시리즈 팬들 사이에 구독자 섭외 경쟁이 벌어지기도 했다. 인도의 빌보드 광고 자리에 '퓨디파이 구독하기' 광고가 걸리기도 하고, 뉴욕 타임스퀘어의 커다란 빌보드 광고 자리에는 T-시리즈 광고가 실리기도 했다. 퓨디파이 팬에 의해 프린터 5만 개가 해킹돼 퓨디파이를 구독하라는 메시지가 전 세계로 퍼져 나가기도 했다.

퓨디파이와 T-시리즈의 경우도 그러하고 내가 경험해본 바로도, 유튜버에게 팬만큼 훌륭한 마케터는 없다. 가조쿠들은 내 영상을 보면서 내 영상을 홍보해준다. 내 편이 되어주고 내 입장에서 생각해준다. 그런 팬덤을 만들기 위해 유튜버가 먼저 관심과 애정을 쏟아야 한다.

홍보 포인트 2:
제목은 물론 썸네일과 태그에도
디테일이 필요하다

(((•)))
어그로와 볼거리가 필요하다

요즘 제목과 썸네일, 태그에 신경을 안 쓰는 유튜버는 없을 것이다. 유튜버 입문서 초보 단계에서 나오는 이야기다. 그럼에도 어떻게 신경을 써야 하는지를 모르거나, 디테일이 너무 떨어지는 경우가 자주 보인다. 앞에서도 어그로와 제목, 썸네일에 관한 언급을 잠깐 했다. 좀 더 자세히 살펴볼까?

시청자들이 가장 먼저 접하는 건 제목과 썸네일이다. 흔히 '제목과 썸네일'이라고, 제목을 먼저 이야기하지만 중요도로 따지면 제목보다는 썸네일이 훨씬 중요하다. 인간은 시각적 동물이다. 검색을 해서 들어가지 않는 한 제목보다는 썸네일이 먼저 보인다. 때문에 썸네일에서 먼저 어그로를 끌고 볼거리를 제공해야 한다. 보느냐 마느냐를 결정하는 1초 싸움에서 승리해야 한다.

앞서 어그로에 관해 이야기를 했지만 썸네일은 시청자의 호기심을 이끌 수 있어야 한다. 여기서 정직은 미덕이 아니다. 대박 아이템이라는 확정 판결을 받은 경우에만 정직하게 사실을 알릴 수 있다. 일본 최고의 AV배우 시미켄이 한국에 왔을 때, 더도 덜도 없이 "최고의 AV배우 시미켄 형이 왔습니다."라고 제목을 뽑았다. 썸네일에서도 시미켄이 직접 '시미켄'이라고 쓴 화이트보드를 당겨서 사용했다. 시미켄의 사진 하나면 두 말이 필요 없기 때문이다.

이 정도가 아니고서는 어그로를 끌 수 있는 장치들이 필요하다.

"아… 나랑은 진짜 못하겠냐?" 다른 생각을 한다면, 제목이 조금 야릇하게 느껴지는 사람도 있을 것이다. 그래봐야 리그오브레전드 게임 이야기다. 그런데 검정 바탕에 "아… 나랑은 진짜 못하겠냐?" 고 떠 있으면 뭔가 호기심이 끌린다. 그래서 영상을 틀어 보면 리그오브레전드 랭킹 1위 유저도 보겸과는 게임을 같이 하지 못하고 탈주했다는 이야기다. 원래 "롤 랭킹 1위도 저를 감당하지 못하네요." 라고 했다가 바꿔 보았는데 확실히 더 자극적이다.

썸네일에 자막이 아예 없는 경우도 있다. "성적표가 보여주는 300만 유튜버가 되는 비밀."이라는 제목을 붙인 콘텐츠의 썸네일은 생활기록부를 바탕에 깔고, 생활기록부를 보는 내 사진만 올려놓았다. 무슨 말이 더 필요하겠나?

이렇게 썸네일에 신경을 쓰니 "썸네일 재밌어서 보러 왔어요."라는 댓글도 자주 달린다. 이렇게 시청자에게 칭찬을 받으려면 어그로와 볼거리에 신경을 쓰고 디테일까지 챙겨야 한다.

(((•)))

태그는 발로 쓰면 안 된다

태그는 영상에 담긴 콘텐츠를 키워드로 나열한 것이다. 검색을
했을 때 걸릴 수 있는 내용을 담아야 한다. 제목과 댓글에서 우선
검색이 되고 다음에 태그 값으로 검색이 된다. 그런데 이 태그의 용
도를 모르고 똑같은 태그를 모든 영상에 박아 넣는 유튜버들이 있
다. 사실 2017년까지 보겸TV도 그렇게 했다.

이전 태그에는 별별 단어가 다 올라갔다. 어그로도 있고 콘텐츠와
관련된 것도 있지만 관련 없는 것도 많았다. 오죽하면 원피스나 실

험 영상에도 '슈마상'이라는 태그를 걸어 놨다. 슈마상은 클래시로얄에 나오는 특별 재화로만 구매할 수 있는 카드 상자다. 왜 실험 영상에 슈마상을 넣어놨냐고 하면 "게을러서", "개념 없어서"라고 밖에 할 말이 없다. 보겸TV는 2018년 3월부터 얼토당토않은 태그들을 붙여 놓는 일은 그만뒀다.

요즘 태그는 철저히 콘텐츠 중심으로 한다. 일례로 펑티모가 내 방한 영상의 경우 20개 안쪽의 태그를 걸었다. '보겸, bokyom, 펑티모, 대륙냥이, 중국냥이, 고양이송, 묘묘묘송, 묘묘묘묘묘, 提莫, 馮提莫, 冯亚男, Learn to Moeow, 레전드, 하이라이트, 고양이 소리를 따라해보자…' 등이 태그로 걸렸다.

이렇게 여러 가지 태그를 걸어놔야 전 세계 시청자들이 검색을 통해 내 채널에 들어올 수 있다. 유튜브의 검색 기능을 약간 무시하는 유튜버도 있지만, 유튜브 시청수를 살펴보면 검색에 의한 조회수가 상당하다. 펑티모 동영상의 경우 30% 가까운 시청자가 유튜브 검색으로 동영상을 시청했다.

　하지만 이게 정답은 아니다. 어디까지나 나의 경우 이랬다는 것. 내친김에 자신 채널의 유입 경로를 확인해보라. 유튜브 계정에 들어가 [실시간 활동] 아래를 보면 시청자들의 유입 경로가 뜬다. 주요 경로는 추천 동영상, 유튜브 검색, 채널 페이지, 기타 유튜브 기능, 최종 화면 등이다.

홍보 포인트 3:
업로드 후 20분 안쪽,
맞춤 영상으로 성패가 결정된다

맞춤 영상이라고 들어보셨나요?

기본적으로 영상이 재밌으면 잘 퍼진다. 거기에 몇 가지 플러스 요인이 있는데 구독자 수, 초기 구독자들의 시청 시간, 영상을 올리는 빈도 등이다.

유튜브에 접속하면 흔히 추천 영상이라고 하는 영상들이 떠 있다. 이 영상들은 그간 내가 보아왔던 영상을 기준으로 유튜브의 인공지능이 제시하는 것들로, 스마트폰에서 유튜브 앱을 켰을 때 유튜브가 자체적으로 제시하는 영상들을 말한다. PC를 기준으로 유튜브 창의 오른쪽 광고 아래는 '다음 동영상'들이 있다. 세로로 썸네일들이 나열돼 있는데 이것이 '맞춤 영상'이다.

이 맞춤 영상 자리는 유명 유튜버들이 가장 공략하는 홍보 포인트다. 여기에 내 채널과 내 콘텐츠를 올려서 기존 유튜버 시청자가 "어? 이런 것도 있네." 하며 들어올 수 있도록 많은 노력을 기울인다.

평균적으로 보겸TV의 경우 전체 시청자의 1/3 정도가 맞춤 영상을 통해 들어온다. 결코 무시할 수 없는 수준이다.

(((•)))
보통 20분 안쪽에 성패가 갈린다

유튜브 입장에서도 '맞춤 영상'에 공을 들일 수밖에 없다. 유튜브에 입장한 시청자가 최대한 유튜브에 오래 머물러야 유튜브의 광고 수익이 올라간다. 맞춤 영상은 시청자를 잡아두기 위한 일종의 호객행위이다. 호객행위가 잘 되면 유튜브도 좋고 유튜버도 좋다.

자, 맞춤 영상이 퍼지는 디테일을 살펴보자. 보통 유튜버가 영상을 업로드하면 보통 20분 후부터 맞춤 영상에 새로운 영상이 올라가기 시작한다. 물론 맞춤 영상에는 내 채널의 영상만 올라가는 것이 아니다. 다른 무수한 경쟁자들과 나란히 서게 된다. 이때 시청자들의 눈을 잡아끄는 것이 '썸네일'이다. 이때 썸네일에 들인 그 모든 공이 빛을 발한다. 다른 채널의 썸네일보다 재밌어야 하고 튀어야 하고 어그로를 끌어야 한다. 제목보다 썸네일이 압도적으로 큰 영향을 미친다.

그런데 더 디테일하게 들어가면 보통 업로드를 하고 10분 정도 지나면 콘텐츠가 어느 정도나 맞춤 영상에 퍼질지 대충 감을 잡을 수 있다. 10분 동안 조회 수를 확인하면 된다. 이때는 영상이 맞춤 영상으로 퍼지기 전이다. 새로 올라온 영상을 보는 이는 '구독자'들인데, 업로드 알림을 보고 들어온 구독자들이 키맨들이다. 영상을 업로드하고 10분 정도에 기존 구독자들이 보는 양상에 따라 맞춤 영상에 올라가는 정도가 결정된다.

나뿐만 아니라 유튜브 인공지능도 상황을 지켜본다. 기존 구독자들이 새 영상에 별 관심이 없으면 "이번 영상은 별로 재미가 없나 보네."라고 판단한다. 그리고 맞춤 영상에 신규 영상을 덜 올린다. 그런데 기존 구독자들이 새 영상을 많이 보고 끝까지 봐주면 "이번 영상은 뭔가 보여줄 게 있나 본데."라고 판단하고 맞춤 영상으로 더 많이 뿌려준다.

(((•)))
기본은 시청자가 많은 시간에 업로드하는 것

마지막은 가장 흔하지만, 내게는 가장 어려운 홍보 방법을 소개하고자 한다.

보겸TV에서는 저녁 7시 정도에는 새로운 콘텐츠를 업로드하려고 한다. 늦어도 9시에는 업로드를 해야 한다. 그리고 죽어도 10시까지는 업로드를 하고 싶다. 그런데 그게 잘 안 된다. 스케줄이 엄청 빡빡하다. 나나 편집자나 놀지도 않고 계속 작업하는데. 만족할 때까지 수정하고 수정한다. 업로드가 늦어져도 맘에 드는 영상을 올리는 데 더 집중한다. 수정에 수정을 거듭하니 '업로드 마감 시간'을 지키는 것이 쉽지 않다.

시청자들이 스마트폰으로 유튜브를 가장 많이 보는 시간은 저녁

때다. 보통 학교 마치고, 퇴근하고 돌아가는 지하철이나 버스에서 부터 유튜브를 켠다. 이때 새로운 콘텐츠가 딱 하고 올라와 있으면 좋다. 업로드가 시간을 이때 맞출 수 있으면 구독자들에게 정말 좋다. 콘텐츠를 주기적으로 올릴 여력이 되는 유튜버는 이 시간을 공략하기 바란다. 나는 자주 늦었다. 가조쿠들아! 미안하다!

홍보 포인트 4:
합방을 해야 할까?

(((•)))
거인의 어깨를 빌리고 싶은가?

만유인력을 발견한 뉴턴이 말했다.

"내가 멀리까지 내다볼 수 있었던 것은 거인(선배 위인)들의 어깨 위에 올라선 덕분이었다."

BJ나 유튜버들도 거인의 어깨를 빌릴 수 있다면 얼마나 좋겠는 가? 가끔 보겸TV와 아무 관련 없는데 태그에 '보겸'을 넣은 유튜버 들을 본다. 심지어 제목에 넣기도 한다. 커보겠다고 애쓰는데 굳이 태클 걸고 싶지는 않다.

같은 크리에이터라도 사실 온라인이 아닌 곳에서 만나기가 쉽지 않다. 예전에는 BJ 간담회를 하기도 했는데 요즘은 그나마도 뜸해 졌다. 어깨를 빌려줄 거인을 만나려면 상당한 공을 들여야 한다. 친 해지려고 노력하지 않으면 친해질 기회가 거의 없다고 봐야 한다. 유명 채널에 가서 자신의 방송 이야기를 댓글로 달아 놓으면 대댓 글에서 욕을 먹는다. 자기 채널을 홍보하는 유튜버에게 시청자들은 "그만 광고하고 가라." 하고 직설적으로 말한다.

온라인 세상에는 빌릴 어깨가 많지 않다. 유명 크리에이터와 합 방을 진행하는 정도? 근데 이게 또 효과가 그닥 크지도 않다.

아프리카TV나 유튜브에서 '합방'은 성공을 위해 갖춰야 하는 미 덕 정도로 여겨진다. 양쪽 BJ의 지명도에 따라 시청자가 2배로 늘고, 혼자가 아니기 때문에 무슨 일이든 일어난다. 서로 대화가 가능하기 때문에 홀로 시간을 때워야 하는 부담감도 줄어든다. 그래서 아이템이 떨어지면 합방을 선택하는 BJ들이 상당히 많다. 그러나 합방 콘텐츠는 한 번 때우기용이다. 서로 윈윈하기 위해 진행했다면, 단발성으로 끝내야 한다. 합방 자체가 하나의 테마가 될 수는 없다.

결론을 말하면, 나는 개인적으로 내 모습을 다 보여줄 수 없는 합방은 선호하지 않는다.

(((•)))
내가 합방을 하는 경우

나의 경우도 정말 친한 몇몇 유튜버를 제외하고는 합방을 하지 않는다. 그나마도 즉흥적으로 하는 경우가 많다. 개인적인 친분으로 합방을 하기도 하고 서슴없이 이야기를 하지만 시청자에 대한 예의는 지킨다.

외국 유튜버인 펑티모나 시미켄은 중국과 일본에서 상당한 지명도를 갖고 있어서 나도 주목하던 유튜버들이었다. 새로운 사람을 만나고 가조쿠들에게 소개할 수 있다면 얼마든지 오케이였다. 가조쿠들 중에 펑티모나 시미켄이 궁금한 사람들도 있을 거라는 생각에 합방을 진행했다.

또 하나 같이 콜라보래이션을 하면 연관 검색에 보겸TV가 노출될 수 있다. 중국 시청자가 펑티모 방송을 클릭해서 보겸TV를 보게 되면 이후에 중국 시청자에게 보겸TV 영상이 맞춤 영상으로 갈 가능성이 크다. 일본도 마찬가지다. 시미켄 구독자가 보겸TV 영상이 맘에 들었다면 구독을 누를 수도 있다. 합방으로 일본에 있는 시청자들에게 보겸TV를 알릴 수 있는 계기가 된다.

무엇보다 보겸TV 구독자들에게 이색적인 유명인을 소개할 수 있었다는 점에 만족하고 있다.

(((•)))

일단은 홀로 서야 같이 갈 수 있다

아주 어릴 때부터 나는 혼자 해결하며 자랐다. 좋아하고 안 좋아하고를 떠나서 혼자 해야 하는 일이 너무 많았다. 아버지는 "네 일은 네가 알아서 해라."라고 하셨다. 방송도 남한테 의지하지 않으려고 노력하며 했다. 남한테 부탁하거나 힘을 빌리는 일은 경계했다. 그래서 누구한테 아쉬운 소리를 한 적이 없다. 차라리 돈을 빌리면 빌렸지, 나를 키워 달라거나, 끌어달라는 소리는 하지 않았다.

요즘은 유명한 유튜브에게 연예인들이 찾아와 합방을 하는 경우도 흔하다. 앨범 발매나 영화 개봉 등으로 홍보에 목마른 연예인들이 많다. 100만 구독자를 가진 유튜버들과 합방 한 번으로 최소

100만 명에게는 신작을 알릴 수 있으니 오히려 연예인들에게 득이 된다. 이처럼 서로에게 윈윈이 되기 위해서는 서로 어느 정도는 체급이 같아야 한다. 상황에 휘둘리지 않기 위해서는 합방에 대해서 기준을 세우고 그에 맞게 방송을 준비해야 한다.

홍보 포인트 5:
70억 지구인을 위해선
언어의 벽을 넘을 감성이 필요하다

나도 영어를 잘하면 좋겠다

보겸TV를 보면서 나는 매번 아쉽다.

"내가 영어를 잘했으면, 그래서 유럽이나 미국 사람들 거기다 동남아시아 사람들과도 이야기를 나눌 수 있었으면 퓨디파이 정도는 간단히 재낄 수 있었을 텐데…"

비통한 심정으로 자백의 시간을 마무리한다. 웃긴다고 생각할 수 있지만 진짜다. 내가 영어권 유튜버였다면, 천만 구독자는 진즉 달성했을지도 모른다.

뒤에 크로마키 하나 세워두고 카메라 1대로 촬영하면서 썰만 푸는 퓨디파이의 구독자가 9,470만 명이 넘는다. 개인이 가진 매력이 그만큼 상당하다는 이야기다. 유튜브에서는 캐릭터가 가장 중요하다는 방증이기도 하다. 썰만 잘 풀 수 있으면 대단한 장치나 기술이 없어도 구독자를 확보할 수 있다는 말이기도 하고.

내가 보기에 나는 천부적으로 말을 잘한다. 재미있다. 퓨디파이와 견줄만하다. 그러나 전 세계인을 상대하기에 나의 영어 단어는 너무 빈약하고 영어 문장은 짧다. 한국어로는 12시간도 떠들 수 있지만 영어로는 12초도 버겁다.

(((•)))
영문 자막만으로는 부족하다

영문 자막으로 언어의 장벽을 넘으려는 시도를 안 해본 건 아니다. 콘텐츠가 업로드되면 며칠 뒤에 영어와 일본어 자막이 붙는다. 번역가를 소개 받아 의뢰를 했고 MCN에서 도와주기도 했다. 그러나 자막으로 해결하기에 언어의 장벽은 너무 높고 견고하다.

내가 보기에 언어에는 공감대가 있고 감성도 담긴다. 언어가 다르면 공감대가 떨어지고 감성도 맞지 않을 가능성이 크다. 언어의 장벽을 넘어서기 위해서는 더 강한 공감대 혹은 감성적 동질감이 있어야 한다. 일례로 춤과 음악, 먹방, 게임 콘텐츠 등은 그 자체로 형성되는 공감대가 있다. 언어에 크게 좌우되지 않는다.

이런 기준으로 보면 국내에서도 유명한 유튜버 제이플라가 구독자가 1,100만을 넘긴 이유를 쉽게 알 수 있다. 제이플라의 구독자 중 상당수는 외국인이다. 제이플라가 부르는 노래 역시 대부분 팝송이다. 외국인이 접근하기 매우 좋은 콘텐츠다. 네이버TV의 공식 채널인 원더케이 역시 구독자가 1,600만 명이 넘는다. 대부분 K-팝을 담고 있다. 댄스 콘텐츠를 담은 원밀리언의 구독자는 1,500만 명이 넘는다. 동영상 댓글이 대부분 영어다. 전 세계 구독자들이 보고 댓글을 달아준다.

말이 필요 없는 먹방이나 게임도 마찬가지다. 밥 먹기나 배틀그라운드나 포트나이트는 언어가 안 돼도 방송을 할 수 있다. 이런 감성이 아니라면 언어의 장벽을 넘어서는 것은 쉽지 않다.

(((•)))
감성을 파고들 무언가가 필요하다

더 디테일 하게 들어가면 노래와 춤이 담고 있는 '흥'은 전 세계 공통의 감성이다. 외국인 구독자를 얼마든지 끌어들일 수 있다. 먹방은 '재미' 면에서 노래와 춤을 따라갈 수 없으니 콘텐츠의 한계가 있지만 그래도 쉽게 공감대가 생기는 콘텐츠다. 외국인 구독자를 끌어들일 요인이 된다.

전 세계 공통 감성의 콘텐츠는 맞춤 영상도 전 세계로 퍼져 나간다. 일례로 보겸TV의 맞춤 영상은 대부분 한국인 시청자에게 간다. 하지만 제이플라의 콘텐츠는 미국, 브라질, 스웨덴, 페루 시청자들에게도 간다. 세계 시청자를 대상으로 하는 만큼 유입되는 외국인 수도 많을 수밖에 없다.

덧붙여 설명하면 전 세계로 영상이 뿌려지면 수익도 높아질 수 있다. 유튜브 광고의 편당 광고료는 국가마다 다르다. 미국은 우리나라의 6~7배, 일본은 3~4배에 달한다. 물론 동남아시아로 가면 GDP가 낮기 때문에 우리나라의 1/10로 줄어든다. 하지만 우리나라보다 GDP가 높은 곳에 유튜브를 보는 사람들이 많기 때문에 전체 수익은 올라간다.

(((•)))
기획하라! 70억 지구인을 위한 콘텐츠

전 세계인을 구독자로 확보하는 방법!

유튜브를 시작하고 나도 한참 고민한 주제다. "전 세계인과 감성적으로 공유할 콘텐츠를 만들라." 답은 알고 있지만 그 답을 실행할 방법을 아직 찾지 못했다. 차라리 "한국적인 것이 세계적인 것이고, 세계적인 것이 한국적인 것이다."라는 오래된 표어를 들먹이며 외국인에게 한국을 알리는 유튜브를 해보면 어떨까 고민도 해봤다. 하지만 나의 옷은 아니다. 언어가 되고 한국을 소개할 의지가 있는 유튜버라면 충분히 가능할 것이다.

일단 나는 성공하지 못했지만 내가 찾은 답을 알려주는 선에서 정리를 해야 할 것 같다.

언어가 안 된다면 과감히 감성을 맞춰야 한다. 그리고 언어까지 맞추겠다고 생각했다면 한국 구독자는 어느 정도 포기해야 한다. 2트랙으로 한국 채널과 세계 시장 타깃 채널을 구분해 운용하는 것도 방법이다. 세계 시장 타깃 채널은 순전히 외국인용 채널로 맞춤해야 한다. 한글과 영어를 함께 쓰는 것도 피하는 것이 좋다. 전 세계 어느 나라 사람이건, 자기 나라 언어가 아닌 다른 나라 언어로 쓰인 글을 보면 낯설 수밖에 없다. 모르는 글자가 써진 썸네일을 클릭해서 보고 싶지는 않을 것이다.

이렇게 세계 시장 타깃 채널로 정비가 되면 자연스럽게 국내 시청자들에게는 노출이 안 될 것이다. 유튜브 AI는 하나의 채널을 국내와 해외 모든 시청자에게 뿌리지는 않는다. 국내에 많이 뿌리면 해외는 적게, 해외에 많이 뿌리면 국내는 적게 퍼진다. 해외에서 많이 퍼진 만큼 국내에서는 줄어들게 된다. 외국인과 감성적으로 소통할 수 있는 콘텐츠에 영어로 진행이 된다면 세계 시장에서도 가능성이 높다.

수익 포인트 1:
99.9%는
원하는 수익을 얻지 못한다

(((•)))
사실 나는 빵점짜리 관리자다

수익 부분에 관해서는 일단 밑밥을 깔아놓고 가야 할 것 같다. 나는 수익 관리에 관해서는 정말 무지렁이다. 능력치가 거의 없다. 지출 관리가 가장 큰 약점이다. 그냥 유지만 하고 있다고 보면 된다. 큰돈을 모으지도 못했고 큰돈을 모을 생각도 해보지 않았다. 부모님도 "네 일 네가 알아서 하라."는 주의다. 재무 관리를 해줄 사람도 없다. 결과적으로 남은 게 없다. 실망스럽지만 사실이다.

그래서 수익 포인트는 '벌어 본 사람이 안 벌어 본 사람보다는 해줄 말이 있겠다.'라는 생각으로 가볍게 정리했다.

'1년에 10억 모으기'보다는 '유튜브로서 오래 살아가기 위해 수익 관리를 어떻게 해야 하는가?'로 접근해 읽어주길 부탁한다. 10억 모으기를 꿈꾼다면 다른 책들이 많이 있다. 팁을 주자면, 유튜브 파트보다는 부동산이나 주식 파트에서 찾아보는 것이 훨씬 빠를 것이다.

(((•)))
유튜브의 광고는 어디서 오나?

기초적인 지식부터 점검하고 가자. 유튜브의 광고는 어디서 오나? 구글 애드센스에서 온다. 유튜브 광고는 언제 시작됐나? 2007년부터다.

구글은 광고를 안 하는 포털로 유명하다. 그래서 자신의 사이트에는 광고를 하지 않는다. 대신 구글 애드센스라는 곳에서 광고를 수주받아서, 노출시킨다. 각종 사이트에서 광고를 노출하고 수익을 원한다는 사인을 받으면 수주받은 광고를 배분해준다. 그런데 구글은 광고를 보는 사람이 남자인지 여자인지 연령은 어떻게 되는지 그 사람이 지금껏 검색했던 영상, 보아왔던 영상까지 분석해 광고를 배분한다. 그리고 가장 큰 수입원이 유튜브다.

2006년 구글은 유튜브를 16억 5,000만 달러에 인수했다. 구글의 인수·합병 중에서 가장 큰 규모였다. 당시는 유튜브에 수익 모델이 없던 때라 구글은 많은 욕을 먹었다. 하지만 지나고 보니 구글은 알고 있었던 것 같다. 유튜브를 동영상 광고 채널로 활용해서 대박을 칠 것을 말이다. 당시 유튜브의 기업 가치를 평가했던 뱅크오브아메리카는 유튜브의 기업 가치가 10년 만에 700억 달러(한화 80조 원)까지 커질 거라고 추정했다. 그리고 작년인 2018년 5월, 모건스탠리는 유튜브의 기업 가치를 1,600억 달러(약 180조 원)로 추산

했다. 유튜브 광고로 구글은 엄청난 기업이 됐다.

2007년, 이전까지 아무런 수익 구조가 없던 유튜브는 '유튜브 파트너 프로그램'을 만들어 광고를 배분하는 사업을 시작했다. 크리에이터가 제작한 영상을 유튜브에 올리고 광고를 붙여주면서 수익을 배분하는 제도이다. 프로그램 개시 이후, 유튜브는 파트너 채널에 성별, 나이, 취향을 파악해서 시청자의 데이터에 기반을 둔 광고를 내보내고 있다. 수익은 유튜브와 유튜버가 나눠 갖지만 유튜브의 수익도 적지 않다. 유튜버가 55%, 유튜브가 45%를 가져간다. 그나마 MCN 매니지먼트에 소속돼 있다면 수익을 회사와 나눈다. 수익 배분율은 업체마다 다르고 유튜버와 MCN 수익 비율도 계약 조건에 따라 다양하다.

(((•)))
원하는 수익을 얻는 유튜버는 많지 않다

'유튜버 수익' 이렇게 네이버에 쳐 넣으면 제일 먼저 나오는 게 '어마어마한 수익'이다.

얼마 전 4년 만에 40만 구독자가 생겼다는 한 유튜버는 한 달에 약 3만 1,000달러가 넘는 수익을 얻고 있다며 자신의 계정을 공개했다. 한화로 약 3,400만 원이다. 월에 3,400만 원이면 웬만한 대기업 초봉보다 많다. 이쯤 되면 다단계 생각이 난다. 친구 따라가본 다

단계에서는 일단 고객만 많이 확보하면 그다음부터는 계속 수익이 발생하고 그래서 죽을 때까지 수익이 줄지 않는다고 했다. 4년 만에 40만 구독자를 만든 유튜버에게 박수를 보낸다.

'그럼 나도 4년만에 40만 구독자를 모을 수 있을까?'

이런 고민을 하고 있다면 쉽지 않다는 답변을 가장 먼저 해주고 싶다. 그리고 구독자를 모은다고 해서 수익이 마구마구 올라가는 것도 아니다. 구독자 수가 많으면 광고 수익을 얻는 데 유리하지만 꼭 수익이 많다고 보기는 어렵다. 구독자들이 콘텐츠를 잘 보지 않거나 시청 시간이 짧고 영상 업로드가 적다면 높은 수익이 생기지 않는다.

유튜버는 콘텐츠를 올릴 때 광고를 선택할 수 있다. 스킵할 수 있는 것과 없는 것도 선택한다. 긴 광고를 붙이면 수익이 높아질 가능성이 커진다. 하지만 광고를 보는 시청자가 불편할 수 있기 때문에 보통 5초 스킵 광고를 넣는다.

국내 유튜브 광고의 수익은 조회 수 당 1원으로 통쳐서 이야기하는데 유튜브의 수익 산정 방식은 매우 복잡하다. 시청자 1명이 동영상 한 편을 시청할 때 마다 동영상 러닝타임, 시청 시간, 광고 예산, 형태 등 변수가 많다. 광고가 붙더라도 시청자가 광고를 건너뛰고 재생했다면 수익은 발생하지 않는다. 수익을 높이기 위해 20초짜리 긴 광고를 붙일 수도 있지만 시청자가 떠나버릴 수도 있다.

광고 수익과 월 정액을 내고 광고를 보지 않는 유튜브 레드 가입자 시청 수익 등 유튜브 채널 수익 외에 유튜버가 수익을 얻는 방법은 협찬 광고, 공동 구매, 강의 등 다양하다. 하지만 비교적 높은 수익을 얻는 유튜버라도 세금, 편집자 월급, IT 기기 구입비, 작업실

임대료 등을 제하면 순수입은 적어진다.

전업 유튜버를 하려면 "쉽게 큰돈을 벌 수 있다."는 언론 플레이에 속으면 안 된다.

$$(((\bullet)))$$

재미가 없으면 돈도 없다

여러 번 강조했듯이 유튜버는 재미가 없으면 오래 하기 힘들다. 여기서 재미는 유튜버 스스로의 재미다. 길고 오래 가야 10원이라도 수익을 가져갈 수 있다.

내가 전격적으로 유튜브를 하기 전에, BJ로 영상을 잘라 올리던 시절에도 내게는 10만 단위의 구독자가 있었다. 재미는 없지만 영상 개수도 6,000개 정도가 있었다. 당시 내가 한 달에 벌어들인 수입은 기껏해야 40~50만 원이었다. BJ를 병행하지 않았다면 생계를 꾸려가기 어려운 돈이다. 당시 함께 했던 편집자 월급은 오롯이 나의 BJ 수익에서 나갔다. 2014년부터 2년간은 그나마 BJ 수입이 있어서, 수입보다 지출이 월등히 큰 상황을 버틴 것이다. 직장도 없고 수입도 없다면 견디기 쉽지 않을 상황이다.

직장이 있다면 최대한 오래 유지하라. 유튜브는 사이드잡으로 시작하라. 재미가 있다면 길게 가고 수익도 얻을 수 있다. 이게 유튜버 수익 관리의 1장 1절의 내용이다.

수익 포인트 2:
유튜브 광고 수익이 전부는 아니다

광고 수익이 전부는 아니다

앞서도 유튜버의 수익을 나열해 보았다. 광고, 슈퍼챗 후원, 유튜브 프리미엄 시청, 브랜드 협찬 광고, 공동구매, 강의… 이 밖에도 여러 가지 수익이 생길 수 있다. 유튜버로서 역량이 쌓이면 수익이 생기는 길도 넓어진다. 각자의 수익 창출 방식을 이해하면 좋을 것 같아 경험했던 내용들을 정리해본다.

(((•)))

유튜브 자체 수익

유튜브가 유명세를 타면 브랜드 광고가 들어온다. 구체적으로 뭘 사달라거나 봐달라거나 와달라거나 하지 않고 유튜버가 사용하는 것을 노출시키는 광고다. 광고 단가는 구독자 수에 크게 영향을 받는다. 노동력 대비로 하면 상당히 큰 수익이라고 할 수 있다. 브랜드 광고는 보통 브랜드에서 노출 수준과 금액을 먼저 제시하고 들어온다. 보겸TV는 게임, 먹방으로 유명해져서 관련 의뢰가 많이 온다. 할지 말지는 여러 가지를 고려해 결정하는데, 채널 컨셉에 나쁜 영향을 미치지 않는 것을 가장 최우선으로 한다.

　PPL은 현물로 많이 들어온다. 보통 몇 만 단위의 구독자만 있어도 여기저기서 연락이 많이 온다. 브랜드사 입장에서도 노출은 시켜야겠는데 비용은 줄여야겠고 하니 현물로 나가는 방법을 선호한다. 하지만 유튜버 입장에서는 이름이 알려지지 않아 들어도 모르는 브랜드들의 제품을 자칫 시청자에게 선물로 주었는데 제품에 하자가 생겨 컴플레인이 들어올 수도 있다. PPL을 현물로 받아서 시청자에게 나눠줄 경우 제품의 안전성과 상품인증에 각별히 신경을 써야 한다.

　공동구매는 화장품이나 의류, 잡화를 많이 진행한다. 뷰티 유튜버가 화장품 공동구매를 주 수입원으로 활동하는 경우도 보았다. 대부분 공동구매는 자신의 전문 분야에서 진행되는데 유튜버가 제품에 잘 안다는 것을 전제로 한다. 시청자들은 유튜버를 믿고 제품을 구매하는 것이기 때문에 자칫 제품이 잘못되면 이미지에 큰 타격을 입는다. 사전에 제품의 질과 안전성에 문제가 없는지 꼼꼼히 살펴보아야 한다.

　MCN과 계약이 된 유튜버라면 콘텐츠 내에서 수익이 발생하는 광고는 꼭 MCN과 사전 협의를 해야 한다. 자칫 수익을 독식하겠다고 몰래 진행했다가 나중에 계약 위반으로 곤란한 상황에 처할 수 있다.

유튜브 외에서 일어나는 수익

다음으로 유튜브 외에서 일어나는 수익으로 강의, 행사 참여, 공중파 출연 등이 있다.

나의 경우 10대 가조쿠가 많아서 중고등학교부터 대학교까지 강의 요청이 많이 들어온다. 주로 듣고자 한 내용은 보겸TV 성장기 그리고 10대들에게 들려주었으면 하는 내용들이다. 1인 크리에이터로 성장한 7년간의 경험과 "너 끌리는 대로 살아라!"는 주제의 강연을 하고 온다. 40분은 강연, 20분은 질답 시간을 갖는다. 강의료는 불러주는 곳에 따라 다르다. 공공기관에서 강의 요청이 올 때는 공익 차원에서 강의료가 적어도 가려고 한다. 그 외 기관에서 부를 때는 그보다는 더 받는다. 크리에이터답게 지불한 만큼 콘텐츠로 보답한다.

행사 초대 손님으로 갈 때도 종종 있다. 게임 런칭쇼가 대표적이다. 2015년 전후로 게임이 쏟아져 나올 때 오픈 게임 참여 같은 의뢰가 봇물 터지듯 왔었다. 한 달에 몇 번씩 군산과 서울을 오가며 게임 런칭쇼에 참석했다. 좋아하는 게임을 하는 데다 거마비 이상의 수익이 생겨서 좋았다. 지명도가 올라가면 지방 행사에서도 부르는데 보통은 연고지 중심으로 연락이 온다. 나의 경우 군산시에서 진행하는 식목일 행사나 한삼모시축제 같은 데서 연락이 온다.

가서 행사에 참여하고 시간이 되면 강의도 진행한다. 행사장을 멋지게 꾸미려 최선을 다한다.

공중파는 유튜버들이 주로 공략하고 나가고 싶어 하는 곳이다. 다큐와 예능을 가리지 않고 섭외가 들어오면 대부분 나간다. 그러나 수익은 생각만큼 크지 않다. 기본 출연료가 10만 원단위다. 방송의 경우 직업 예능인을 제외하고 대부분의 출연자가 큰돈을 받지 못한다. 처음에는 대중적인 인지도를 올리는 수단으로 생각해야 한다. 물론 공중파와 잘 맞고 비중이 큰 역할을 맡게 되면 전문 방송인만큼 출연료도 올라간다.

최근에는 책을 쓰는 유튜버도 늘고 있다. 출판은 비용이 들지 않고 자신을 홍보할 수 있는 장점이 있다. 베스트셀러가 되면 인세 수익을 올릴 수도 있다. 하지만 출판 시장이 워낙 침체기라 인세 수익이 크지는 않다고 한다. 다만 유튜버라는 직업으로 책을 쓸 수 있는 것 자체가 큰 영광이라고 생각한다. 적극 도전해보길 권한다.

(((•)))
유튜버의 사이드 잡?

처음에는 사이드잡으로 유튜버를 시작하라고 했는데, 전업 유튜버에게도 작가, 예능, 강사와 같은 사이드잡이 있을 수 있다. 주업에서 유튜버로 직업을 바꾼 것처럼 유튜버에서 사이드잡으로도 직업

을 바꿀 수 있다. 하지만 개인적으로 유튜버는 다른 직업에 비해 강점이 많다고 생각한다. 연예인이나 교수, 정치인 등을 꿈꾸며 유튜버가 되는 것은 추천하지 않는다. 앞서 강조했듯 유튜버도 선택과 집중을 해야 성공할 수 있는 일이다. 사이드잡은 다 일구고 나서 고민해도 늦지 않다.

수익 포인트 3:
이미지 소비가 큰일은 과감히 포기하라

(((•)))
인플루언서 마케팅을 아세요?

예전에는 광고에 연예인이 나왔다. 그런데 이제는 광고에 유튜버가 나온다. 2019년 4월 출시된 SUV 자동차 광고에 유튜버들이 나왔다.

브랜드사에서는 얼굴이 공개된 유튜버들을 '인플루언서'라는 다른 호칭을 만들어 부르고 있다. 유튜브나 페이스북, 인스타그램 등 소셜네트워크서비스SNS에서 수십만 명의 구독자(팔로어)를 보유한 'SNS 유명인'을 말한다. 영향력을 나타내는 영어 단어 influence에서 유래했다.

젊은 세대 특히 10대들에게 인플루언서들의 영향력이 커진다는 연구 결과 덕분에 유튜버를 활용한 다양한 마케팅이 성행하고 있다. 실제 미국 〈버라이어티Variety〉라는 연예잡지에서 여론조사를 실시했는데 10대 소비자들이 뽑은 친근하고 진정성 있고 영향력을 미치는 인물 10명 중 8명이 유튜브 스타였다고 한다.

마케팅의 한 창구로 유튜버를 활용하는 시대가 열렸다.

(((•)))
이미지도 소비된다

유튜버가 자기가 좋아하고 전문으로 하는 분야에서 인플루언서로 활동하는 것은 매우 기분 좋은 일이다. 게임을 좋아하는 내게 신작 게임을 하러 오라고 연락이 오면 매우 기쁘다. 하지만 불러준다고 다 갈 수는 없다. 오늘은 이 게임, 내일은 저 게임을 해서 온라인에 노출이 되면 시청자들이 혼란스럽다. 게임에 보겸의 이미지가 덧붙여져서 광고 효과가 나는 것인데, 각종 게임에 보겸이 계속 등장하면 희소성도 떨어지고 시청자들의 감흥도 없다. 아무리 전문분야라도 계속 상품과 연결되면 유튜버도 이미지 소비가 너무 크다. 시청자들의 눈총을 받기도 한다.

최근 인플루언서 마케팅이 치열해지면서 브랜드사에서 유튜버 모시기가 한창이다. 기사에서도 "유명 유튜버 모시기가 연예인 뺨친다."는 내용이 눈에 띈다. 자칫 잘못하면 크리에이터로서 콘텐츠에 집중하기보다 브랜드사의 마케팅만 쫓아다닌다는 평가를 받을수 있다. 유튜버는 연예인은 아니지만 시청자들 없이는 존재할 수없기 때문에 이미지 관리가 필요하다. 자신의 이미지를 브랜드 광고에 쏟아 붓다가는 한 번 떴다 사라지는 광고 모델처럼 잊혀질 수있다.

(((•)))
전문 분야를 파고들라 그리고 꼼꼼하라

덕후들이 유튜버가 되는 경우도 심심찮게 보인다. 물론 나도 덕후다. 게임뿐만 아니라 시사, 영화, 책, 음악, 의학, 건강, 다이어트 등 관심 분야에서 쌓은 내공으로 유튜브에 좋은 콘텐츠를 올리는 경우다. 개인의 캐릭터와 전문적인 내용까지 더해지면 시청자들의 신뢰도가 쉽게 쌓인다. 이런 유튜버의 경우 자신의 분야에서 인플루언서로 활동할 수 있는 기회가 쉽게 찾아온다. 잘하는 일과 좋아하는 일이 만나면 시청자에 대한 영향력이 커진다. 누구나 일반 대리점 점원이 추천하는 카메라보다 카메라를 잘 알고 카메라에 대해 애정을 가진 이가 추천하는 카메라를 사고 싶다. 거기다 그가 자신이 매일 얼굴을 보고 아는 사람이라면 쉽게 신뢰가 간다.

유튜버에게는 '공동구매'가 됐든 '인플루언서 마케팅'이 됐든 직접 수입과 연결되는 사업을 할 기회가 많이 찾아온다. 이러한 수익은 좋은 콘텐츠를 생산하는 시드머니가 될 수도 있다. 자신이 전문으로 하는 분야라면 도전하고 싶은 욕심도 들 것이다. 하지만 본인이 직접 판매와 연결될 때는 조심스럽고 꼼꼼해야 한다. 유튜버가 1인 마켓이 되는 순간 거래와 관련된 수많은 문제를 겪을 수 있다. 유튜버의 인기를 이용해서 자신의 이익만 챙기려는 이들도 많다. 조심스럽고 신중하고 꼼꼼하게 접근하자.

수익 포인트 4:
마중물은 언제나 필요하다!
투자도 언제나 필요하다!

(((•)))
가장 큰 투자는 최고의 작업실

나무위키에 들어가서 보겸을 치면 나에 대한 신상정보가 다 나온다. 거주지는 서울특별시 송파구 신천동 롯데캐슬골드아파트이다.

아는 사람들은 알겠지만 롯데캐슬골드는 집값이 비싸다. 나는 이곳에서 월세로 살고 있다. 적지 않은 돈이지만 그나마 내가 하는 지출 중에서는 만족도가 높은 편이다. 나는 이것도 하나의 투자라고 생각한다.

아프리카TV에서 게임 BJ로 활동하면서 군산과 서울을 오가는 일이 많아졌다. 새 게임 런칭 행사가 있으면 올라와서 행사장을 가야 했다. 처음에는 하루에 오가는 일정으로 다녔는데 점차 체력적으로 힘들어졌다. 2014년 처음으로 서울에 원룸을 구했다. 이후 학교를 휴학하고 방송이 주업이 되고는 굳이 군산에 있을 이유가 없어졌다. 전격적으로 서울로 이사를 했다. 그때 알아보고 간 곳 중에 하나라 롯데캐슬골드다. "저기는 누가 살까? 나도 저기 한번 살아보고 싶다." 로망이 담긴 곳이다. 그런데 직접적으로 롯데캐슬골드로 이사를 결심하게 된 것은 아주 현실적 이유 때문이다.

서울로 이사를 해서 방송을 해보니 층간 소음 때문에 민원이 자주 들어왔다. 30평대 아파트를 얻어서 혼자 생활했는데도 방송은 제일 작은 방에 쳐 박혀서 해야 했다. 남들은 옷방으로 쓰고 잠을

자지 않는 방이니 그나마 민원이 들어오지 않았다. 그러다 주상복합이 층간 소음이 적다는 정보를 들었다. 갈 수 있는 곳은 타워팰리스, 갤러리아팰리스, 롯데캐슬골드 정도였다. 그래서 몇 년 전에 지금 사는 아파트로 이사를 왔다. 현재로서는 매우 만족한다. 상대적으로 비싼 비용을 내고 있지만 아침이면 햇빛이 잘 들어오고 공간도 잠자는 곳과 스튜디오를 분리할 수 있을 만큼 넉넉하다. 결정적으로 층간 소음이 없다. 나와 방송을 위한 투자로 매우 만족스럽다.

(((•)))
콘텐츠 제작 관련 지출이 망설여질 때

7년간 크리에이터로 작업을 하면서 사실 나는 망설이며 지출을 해본 적이 거의 없었다.

〈원피스〉로 방송을 할 때는 피규어를 원 없이 샀다. 지금은 어지럽게 방바닥에 쌓여 있지만 장식장에서 조명을 받고 있을 때는 정말 기분이 좋다. 금액으로 따지면 5천 이상 들어갔을 거라고 생각한다.

게임에 등장하는 총인 M4A1은 300만 원이 안 되게 주고 샀던 것 같다. 맞추기 게임을 하면서 콘텐츠 제작에 사용했다.

'새 차를 뽑았습니다' 콘텐츠를 만들 때는 자전거를 장만했다. 나는 차가 없는 것으로 유명했는데 '새 차'라고 '자전거'를 뽑아서 자랑하는 콘셉트였다.

이 밖에도 계산기를 두드리면 손해라고 할 만한 많은 지출이 있었다. 하지만 "이거 살까 말까?" 망설인 적은 한 번도 없었다. 필요하다고 생각하고, 여러 군데 둘러봐야 크게 차이가 날 것 같지 않은 물건은 그대로 질렀다.

직원 채용도 비슷했다. 처음 외주 인력과 함께하기 시작한 때는 2014년이었다. 방송하면서 시간이 너무 없었다. 그래서 생방송 중에 편집자를 구한다는 공지를 띄우고 지원서도 받아 보았다. 이후로 필요할 때마다 외주든 내부든 직원을 채용했다. 다음 장에서 직원 채용에 대해서 언급하겠지만, 전업 유튜버로 살아도 콘텐츠에 집중할 시간이 많이 부족하다. 누군가의 손을 빌릴 시기가 되면 어느 정도 결단을 해야 한다.

(((•)))
저축이 먼저냐, 방송이 먼저냐?

방송 시작하고 최고로 쓴 돈은 시청자에게 환원한 것이다. 물품이나 선물, 이벤트 상품으로 시청자들에게 돌려준 금액은 어림잡아 2억 5천만 원이 된다. 아파트, 자동차 이런 데는 관심이 없었다. 그래서 아파트도 차도 없다. 다만 시계는 정말 갖고 싶었다. 그 외 수익은 의식주를 해결하고 방송을 하면서 다 썼다. 기부도 하면서 양심의 가책 없이 쓰고 살았다.

요즘도 시청자들이나 동료 유튜버들이 "아파트는 언제 사나요?"라고 묻는데 나도 모른다. 원칙적으로 나는 방송에는 무조건 투자를 해야 한다는 주의다. 시청자들의 눈높이에 맞춘 콘텐츠가 다 만들어지면 그때나 집에 대해 생각해보려 한다.

수익 포인트 5:
MCN 계약을 두려워하지 마라

(((•)))

MCN, 뜨면 연락이 온다

내가 MCN으로부터 연락을 받은 때는 아프리카TV에서 대상을 받을 즈음이었다. BJ를 할 때는 MCN에 관해 별 관심이 없었다. 조금 떴다고 생각하니 여기저기서 연락이 왔고 마침 주변 사람들이 다들 MCN에 가입을 해서 따라 한 것도 있다. 당시는 MCN에서 주는 계약금을 받아서 롤렉스 시계를 사고 싶었다. 실현되지는 않았다. 요즘은 MCN도 많아져서 구독자가 몇 만만 쌓여도 연락이 온다고 한다.

MCN은 1인 크리에이터의 매니저 역할을 하며 저작권 관리, 광고 유치 등 크리에이터 혼자 하기 힘든 업무를 대신해 준다. 보겸TV의 경우도 폰트와 음악 관련 저작권을 다이아TV에서 해결해 준다. 광고 유치는 말할 것도 없다. 보통 유튜브 광고는 MCN에 일임을 한다. MCN에서 연락해 오는 광고도 상당히 많다.

이 밖에 MCN 중에는 영상 제작 시스템, 레코딩 스튜디오 등 각종 편의시설을 유튜버들에게 제공해 주는 곳도 있다. 당연히 유튜버들에게 도움이 된다.

하지만 MCN이 공짜로 일을 해주는 것은 아니다. MCN은 유튜버를 키우지만, 유튜버의 수익을 기반으로 유지된다. MCN에 가입하면 유튜브 수익도 MCN을 거쳐서 수령하게 된다. 많게는 수익의

50%까지 가져간다.

크리에이터가 뜨면 MCN으로부터 연락이 온다. 수익 배분에 대해 인지하고 자신과 잘 맞고 공정하게 업무를 처리해 주는 곳과 계약하는 것이 최선이다.

무엇보다 명심해야 할 점은 MCN을 통해서 더 성장하고 나를 알리고 싶다는 생각은 버려야 한다는 것이다. 나를 키울 수 있는 건 나뿐이다. 내 노력도 없이 MCN 소속이라는 이유만으로 그들이 나를 케어하고 성장시켜줄 거라는 기대는 버리자.

"유튜버의 끝은 어디일까요?"

"유튜버의 끝은 어디인가요?"

"정년이 보장되는 직장을 원하세요?"

"아니요. 유튜버가 되고 싶습니다. 그런데 유튜버를 하면 나중에 어떻게 될까 궁금합니다."

"유튜버로 살다가 유튜버로 죽을 겁니다."

"네?"

"가조쿠들과 함께 유튜버로 사는 것 그게 제 꿈입니다. 책을 내든 강사가 되든 다른 직업을 갖는 건 부가적으로 따라오는 것입니다. 유튜버의 정체성은 죽을 때까지 유튜버입니다."

세계적인 유튜버들의 특징을 한 문장으로 정리해 본다.

"채널이 유튜버고 유튜버가 채널이다."

나 역시 내가 보겸TV고 보겸TV가 나인 삶을 살아가고 이다.

문명의 이기 속에서 나는 유튜버가 대중과 호흡하는 최상의 직업이 될 거라고 생각한다.

대중의 인기를 먹고사는 사람들이 설 수 있는 곳이 점점 가깝고 작아지고 있다. 예전에 인기를 얻던 가수나 배우들이 섰던 무대는 오페라 하우스와 극장이었다. 다음에 이들은 TV 브라운관으로 들어갔다. 그리고 다음이 컴퓨터였다. 마지막으로 스마트폰은 최상의 플랫폼이 됐다. 책상 위, 주머니 안, 손바닥 등 어디든 시청자와 50cm 이상 떨어지지 않는다. 이로써 유튜버는 시청자들과 가장 가까운 곳에 있게 됐다.

한때 유튜브가 연예인 지망생들을 위한 등용문쯤으로 여겨지던 시절이 있었다. 유튜버로 뜨면 공중파로 가거나 연예인 기획사로 갈 수 있다고 생각 했다. 하지만 최고의 유튜버들이 유튜버의 자리를 확고히 지키자 오해는 사라졌다. 많은 유튜버들이 유튜버로 사는 것으로 만족하고 있다.

왜 유튜버들은 연예인으로 가지 않는가? 이유는 간단하다. 연예인은 홀로서기가 불가능하다. MBC 8시 뉴스에 나가고 싶어도 갈 수 없다. 감독이나 PD가 불러줘야 나가지, 이들의 눈에 차지 않으면 기회가 없다. 감독과 PD의 한 마디면 끝이다. 대중의 인기를 먹고살지만 넘어야 할 관문이 너무 많다. 자신이 원하는 작품 하나를 위해 원하지 않은 작품 9개를 해야 한다. 분량을 정하는 것도 스스로 할 수 없다. 아무리 재밌게 해도 연출자가 방송에서 날려버리면 흔적을 찾을 수 없다.

그에 비해 유튜버는 자기 멋대로 할 수 있다. 채널이 있는 이상 자신이 원하는 영상을 맘껏 올릴 수 있다. 결정권자의 눈을 의식하지 않아도 된다. 분량도 효과도 자기 맘대로 할 수 있다. 시청자들과 거리감도 없어 마음껏 소통할 수 있다. 게다가 유튜버와 시청자 사이에는 팬심을 넘어선 의리라는 것도 존재한다.

결론적으로 유튜버는 미디어의 최정상에 있는 직업이다. 나는 축복받은 사람이다. 20년 전이면 서산군 화양면 장상리에서 메가패스 깔고 게임이나 하고 있을 촌놈이 340만 구독자의 애정남이 되었다.

나의 꿈은 10년 뒤에도 보겸TV에 동영상을 올리며 보겸으로 사는 것이다. 지금과 다르지 않게 시청자들과 나이 들어갈 것이다.

시청자들에게 선한 영향력을 끼치는, 대한민국 유튜버의 롤모델이 되길 기대한다.

가조쿠 여러분, 감사합니다!

"내 인생에 가장 큰 영향력을 끼친 사람은?"

"현재의 보겸을 만든 것은 가조쿠다."

어느 자리에서든 서슴없이 할 수 있는 말이다. 2014년 던전앤 파이터 현질로 있는 돈을 다 날리고, 아침밥 먹을 돈도 없던 내게 짬뽕을 배달 시켜 준 이들이 우리 가조쿠였다. 자신이 싫어하는 게 임을 해도 "공부하다 형 얼굴 보러 들어왔어."라며 채팅창에 이름 을 올려주었던 이들도 가조쿠였다. 2018년 때아닌 해명 논란이 일 었을 때도 구독을 취소하지 않고 보겸을 지켜주며, 보겸 편에서 싸 워준 이들도 가조쿠였다. 가조쿠들에게 가장 먼저 감사 인사를 올 린다.

다음으로 아프리카TV 그리고 유튜브, CJ E&M 다이아 TV 가조 쿠들에게 인사를 전한다. 2018년 2월 아프리카TV 서수길 대표와 평창동계올림픽 성화 봉송을 했다. 뜻깊은 자리에 불러주셔서 역사적인 행사를 함께 할 수 있었다. 또한 유튜브와 CJ E&M 다이아 TV는 보겸이 성장하는 길을 함께 달려온 전우애가 깊은 곳이다. 물과 불을 오가는, 열혈남아 보겸과 함께 달려준 것에 감사 인사를 드린다.

마지막으로 부모님 이야기를 안 할 수 없다.

솔직히 20대 초반까지 "아버지는 내게 해준 게 없다."는 말도 쉽게 내뱉는 철없는 아들이었다. 생각해 보면 먹고, 입고, 자고, 학교 다니는 모든 것을 해주셨는데도 그런 생각을 했다. 새 장난감이나 좋은 핸드폰을 사주지 않아서 골이 났던 것 같다. 대학교 때는 부모님이 사준 차를 몰고 다니는 친구들이 부러웠다. 아버지의 진심을 이해하기 시작한 것은 사실 군대에 다녀오고 한참 후였다. 아버지는 어릴 적부터 예의와 자립심을 강조하셨고 본인 역시 그 기준에 합당하게 사셨다. 아버지의 삶을 돌아보면서 "아버지 어릴 때 왜 장난감 안 사주었어요?"라는 질문은 할 필요가 없어졌다.

어머니에 대한 기억은 GOD의 '어머님께' 노래와 항상 겹친다. 초등학교 2학년 때 태권도 학원을 마치고 어머니가 자장면을 사주셨다. 그때 어머니는 중화요리를 안 좋아한다고 드시지를 않았다. 그래서 나는 진짜 어머니가 중화요리를 싫어하시는 줄로만 알았다.

20대 때 부모님께 맛있는 식사를 사드리려다가 알았다. 우리 어머니는 중화요리를 엄청 좋아하신다. 그제야 어머니의 마음을 알 수 있었다. 당시 돈으로 2,700원을 아끼려고 그 좋아하는 자장면을 나에게만 먹이고 본인은 참으신 거다.

또 어릴 적부터 어머니는 한 번도 새벽 예배를 거르지 않으셨다. 오랜 시간 누구를 위한 기도를 드렸는지 말씀해주지는 않으셨지만 지금은 다 알 수 있다.

아버지, 어머니는 물 흘러가듯 자식을 키우셨다. 아무 스트레스도 주지 않으셨고 나의 선택을 존중해주셨다. 왜 그랬냐고 물어보니 "해줄 수 있는 것이 지켜보는 것밖에 없었다."고 하셨다. 시골이라 이렇다 할 뒷바라지를 하지 못하니 자신의 꿈대로 자라도록 두셨다는 이야기였다. 이제 나이가 들고 주변을 돌아보면서 그게 얼마나 힘든 일인지 조금은 알 것 같다. 두 분은 남몰래 엎어진 나를 몇 번이나 일으켜 세워주셨다.

나는 가조쿠들 덕분에 여기까지 왔다. 너무 판에 박힌 말이지만 가장 맞는 말이다. 앞으로도 내게 영향력을 끼칠 수 있는 이는 가조쿠와 대한민국 공권력밖에 없을 것이다. 이후로도 수시로 직격타를 날리지만 가끔은 따뜻한 마음으로 감싸주는 츤데레로 가조쿠들과 함께할 것이다.

가조쿠 여러분, 사랑합니다!

글 정리 최진

동국대학교 학보사에서 글쓰기를 시작했으며, 방송작가를 거쳐 출판사에서 기획편집자로 오랫동안 근무했다. 자유기고가로 활동 중이며 프리랜서 스토리 디렉터로 일하고 있다.

유튜브
구독자
100만
만들기

| 초판 1쇄 발행 | 2019년 7월 30일 |
| 초판 4쇄 발행 | 2019년 9월 2일 |

| 지은이 | 김보겸 |
| 발행인 | 윤호권 |

임프린트 대표	김경섭
책임편집	정인경
기획편집	정은미 · 정상미 · 송현경
디자인	정정은 · 김덕오
마케팅	윤주환 · 어윤지 · 이강희
제작	정웅래 · 김영훈

발행처	지식너머
출판등록	제2013-000128호
주소	서울특별시 서초구 사임당로 82 (우편번호 06641)
메일	bk.book.jisik@gmail.com

| ISBN | 978-89-527-3731-1   03190 |

지식너머는 ㈜시공사의 임프린트입니다.